VIE

DE

L'ABBÉ BUATHIER

PAR

L'Abbé L. LAPLACE

Chanoine honoraire de Belley

Gabriel BEAUCHESNE et Cie Libraire-Editeur

RUE DE RENNES, 83, PARIS

— 1902 —

L'ABBÉ BUATHIER

OUVRAGES DU MÊME AUTEUR

Histoire d'une Ame. — La servante de Dieu, Mathilde de Nédonchel, In-18 jésus. — Cinquième édition. — Prix : fr...................... 3 50

Une vocation. — Marie-Ghislaine de Courtebourne. In-18 jésus, avec deux belles gravures, 3ᵉ édition. Prix : fr...................... 3 —

La Mère Marie de Jésus. — Marie Deluil-Martiny, fondatrice de la Société des Filles du Cœur de Jésus. Grand in-16, avec deux portraits et une gravure, 2ᵉ édition. Prix : fr............... 3 50

Vie de la Révérende Mère du Cœur de Marie, Supérieure générale de la Congrégation de Saint-Joseph de Bourg. In-18 jésus. Prix : fr................................. 2 50

Vie de M. Viennois, Curé, fondateur de la paroisse de Saint-Joseph, à Lyon. In-18 jésus. Prix : fr................................. 3 —

Au Pays du divin Maître. — Pèlerinage et Congrès eucharistique de Jérusalem en 1893. In-18 jésus, 2ᵉ édition. Prix : fr............... 2 50

L'Abbé J.-M. BUATHIER

Mai 1880

VIE

DE

L'ABBÉ BUATHIER

PAR

L'Abbé L. LAPLACE

Chanoine honoraire de Belley

Gabriel BEAUCHESNE et Cie Libraire-Editeur

RUE DE RENNES, 83, PARIS

— 1902 —

LETTRE DE S. G. MONSEIGNEUR LUÇON

Evêque de Belley

Cher Monsieur le Chanoine,

C'était bien à vous qu'il appartenait d'écrire la vie de l'abbé Buathier. Lui, l'abbé Théloz et vous, vous étiez comme trois frères jumeaux en littérature. Semblables par la piété et par le talent, tous trois vous aviez le don de voir les choses sous leur aspect le plus idéal, par lequel elles réalisent le mieux leur type qui est en Dieu ; tous trois vous saviez donner à une pensée élevée le noble vêtement, la riche parure qui lui sied ; tous trois, par l'éclat et la chaleur du style vous possédiez le secret « de peindre avec des mots ces belles images qui font voir ce qu'on entend ou ce qu'on lit » et de communiquer à vos lecteurs vos propres émotions ; tous trois enfin vous avez produit des œuvres qui font honneur au Clergé du diocèse.

L'abbé Buathier s'est immortalisé en écrivant son beau livre du Sacrifice dans le Dogme et dans la vie chrétienne. *Le nom de l'abbé Théloz vivra parmi nous, aussi longtemps que la mémoire de M. Robelin et de M. Ruivet, dont il nous a retracé la vie et l'esprit dans des pages pleines de charme. Vous avez pris place avec eux, par votre collaboration au* Bulletin de la Garde d'honneur du Sacré Cœur de Jésus, *et par vos intéressantes et très littéraires monographies :* Histoire d'une Ame, Une Vocation, Vie de la Mère Marie de Jésus, de M. Viennois, etc.

Hélas ! des trois, déjà vous restez seul survivant : les deux autres nous ont été enlevés, à quelques mois d'intervalle, par une mort prématurée, à un âge où leur passé nous permettait, pour de longues années encore, les plus belles espérances.

L'abbé Buathier nous a quittés le premier. Vous étiez tout désigné, cher M. le Chanoine, et par vos relations d'amitié avec lui et par la similitude de votre talent, pour nous retracer la physionomie si attachante de l'auteur du Sacrifice.

De la même école que lui, vous deviez mieux que tout autre nous en esquisser un portrait ressemblant et peint à sa propre manière.

Les lettres de félicitations qu'a reçues l'abbé Buathier des autorités les plus compétentes, les plus élevées et les plus diverses, sont la preuve authentique qu'autant il a eu de lecteurs, autant il a compté d'admirateurs.

Mais le Sacrifice ne faisait connaître que le penseur, le théologien, l'écrivain, le peintre, le poète.

Vos pages nous mettent sous les yeux l'homme intime, le prêtre, le pasteur, le directeur. Elles font revivre à nos regards cette fine et sympathique figure, en laquelle se reflétait une âme si bonne, ce regard limpide et brillant qui était le miroir d'une intelligence si distinguée. Elles nous révèlent un talent qui, dès le principe, s'est trouvé porté d'emblée, par la nature, à un degré où l'on n'atteint d'ordinaire qu'après de longs exercices. Elles nous montrent en action un bon sens exquis, une charité aussi simple que généreuse, une amitié dont les épanchements sont pleins de charme.

Tous ceux qui ont connu ce Fra Angelico de notre littérature ascétique, dont le premier ouvrage a été un chef-d'œuvre, et je suis de ceux qui ont subi la séduction de son talent et de son caractère, tous ceux qui ont lu son beau livre, nous saurons gré d'avoir conservé à la postérité la physionomie d'un prêtre dont les écrits ont fait tant d'honneur au diocèse et tant de bien aux âmes.

Veuillez agréer, cher M. le Chanoine, l'assurance de mon bien affectueux dévouement en N. S.

† LOUIS-JOSEPH,
Evêque de Belley.

En la fête de l'Ascension, le 8 mai 1902.

AVANT-PROPOS

E nom que nous présentons à l'atten-
tion bienveillante des lecteurs n'a été
mêlé à aucun événement de quelque
importance, en un siècle où il est tant de noms
qui se partagent un peu de gloire éphémère,
qui émergent un moment de l'inconnu pour
rentrer dans l'oubli.

Il n'a ni l'éclat de quelque haute dignité, ni
le prestige d'une situation en vue.

La signature d'un livre ! Voilà tout ce
que rappelle au public chrétien le nom de
l'abbé Buathier !

Mais ce livre est de ceux qui font époque
par les idées qu'ils jettent à travers le monde
et par le talent de l'écrivain qui rend ces idées
populaires.

Quand le Sacrifice *parut, il y eut dans la France chrétienne un mouvement d'ardente sympathie.* L'auteur était jeune et il débutait par un chef-d'œuvre ; il s'annonçait à la fois comme un penseur et comme un écrivain de grand talent. De cette intelligence d'élite que ne pouvait-on pas attendre encore ?

Vaines espérances, hélas ! Si l'âme était de bonne trempe, l'enveloppe était fragile. Et la maladie, qui déjà s'était attaquée à ce frêle organisme et le consumait lentement, infligeait chaque jour à de si brillantes promesses **un** cruel démenti.

Ainsi, quelques années auparavant, l'abbé Perreyve avait été montré à l'Eglise de France plutôt qu'il ne lui avait été donné, et dévoré à petit feu par le même mal impitoyable, il était mort à trente-cinq ans, provoquant peut-être plus de regrets pour ce qu'on avait pu espérer de tant d'intelligence, de tant d'âme et d'ardeur au bien, qu'il ne laissait de reconnaissante admiration pour les œuvres qu'il avait produites.

Nature non moins délicate et non moins

distinguée, esprit peut-être plus puissant, l'abbé Buathier a eu le temps de faire, sur un sujet de suprême importance, un beau livre. Les pages qu'il a écrites sont de celles que l'humanité conserve précieusement, comme un baume à ses douleurs, une force à ses défaillances, un rayon de lumière à ses obscurités.

Mais si elle a pu dérober à la mort quelques unes des pensées de ces belles âmes sacerdotales, de ces âmes exquises, n'est-il pas juste qu'elle garde aussi le souvenir des jours trop rapides, où elles ont passé à travers les tristesses de ce monde, pour les consoler un instant ? Et même ne s'attache-t-il pas à ces figures de prêtres, qui sont toujours restées jeunes, un charme particulier ?

L'abbé Buathier voulait intituler une bio-graphie, qu'il ne put d'ailleurs achever, de ce seul nom, si beau dans sa simplicité : Un Prê-tre ! Il a justifié ce titre en sa personne. Il a voulu être, il a été un prêtre, dans toute l'accep-tion du terme. Et puisque la Providence l'a maintenu jusqu'au bout dans cette humble situation, il a montré ce que peut un curé de campagne, soldat inconnu de la grande et pacifique armée du Ciel, chargé d'évoquer les éternels principes et les radieuses espérances qui les accompagnent, et du coup d'aile de la foi, d'emporter au-dessus de leur terre à terre les cœurs simples qui l'entourent. Si malgré les progrès de l'impiété toujours envahissante, il reste quelque élévation et quelque sens moral dans ces populations rurales qui forment la masse du peuple de France, on le doit à l'action de cet homme qui n'a d'autres ressources que son dévouement, d'autre force que sa prière, d'autre consolation que son Hostie et ses livres divins : le curé de campagne !

Le jeune prêtre dont ces humbles pages racontent la vie servira peut-être de modèle à plusieurs. Ils verront une fois de plus, dans cette histoire, qu'il y a quelque charme et quelque fécondité dans le plus obscur des ministères, et que fût-on d'ailleurs doué des plus heureux dons de l'intelligence et du cœur, et dévoré de toutes les flammes du zèle, on peut, même au *fond d'un presbytère ignoré, échapper au découragement, à l'inexorable ennui, et ne pas succomber sous cet énorme poids du rien dont parle quelque part J. de Maistre.*

Car enfin, l'on a toujours sous la main des livres, surtout les livres immortels, qui renferment la science sacrée : la philosophie chrétienne, la théologie et l'Ecriture. Le prêtre qui sait, d'une main pieuse, comme l'abbé Buathier, les feuilleter le jour et la nuit, se pénètre de ces paroles saintes qui sont esprit et vie. S'attachant à ces principes éternels et sûrs de toute vérité et se gardant de donner une estime exagérée aux flottantes pensées de la science humaine, toujours mobile et toujours courte par quelque endroit, il va, suivant l'expression du poète,

Boire l'eau vierge aux sources des grands fleuves.

Il est une autre force, d'une origine plus haute et d'une efficacité plus certaine encore. Au pied de l'autel, sur lequel chaque matin il consacre l'hostie, que le cœur du prêtre s'embrase d'un saint enthousiasme pour la gloire du Dieu dont il est le ministre, malgré son indignité, pour le salut des âmes qui lui sont confiées. A l'exemple de l'abbé Buathier, qu'il voue au Sacré Cœur sa personne et ses œuvres ! Qu'il travaille de tout son pouvoir à le faire connaître et aimer autour de lui ! Et son isolement ne lui pèsera plus, et les déboires journaliers, que lui causent les écarts de son troupeau, ou ses inerties plus tristes encore, lui seront peut-être moins amers.

Et pour conserver dans toute sa pureté, au milieu des dangers de plus en plus redoutables du monde, la grâce de son sacerdoce, qu'il s'attache de préférence aux vertus qui lui furent plus spécialement recommandées au moment de sa formation !

Les théories modernes semblent les laisser dans l'ombre ; mais il y a longtemps que l'Esprit-Saint les lui a signalées comme la part choisie de son patrimoine. En ce siècle, comme en tous ceux qui ont précédé, il faut au prêtre avant tout la discipline et le zèle :

Et natio illorum obedientia et dilectio.

CHAPITRE PREMIER

L'ABBÉ Jean-Marie Buathier naquit le 26 janvier 1850, à Montcet, petit village à huit kilomètres de Bourg-en-Bresse. C'était un samedi, jour dédié à la Sainte Vierge ; et cette circonstance plus tard n'était point sans charme pour son âme de prêtre tendrement dévoué à Marie. Le baptême ne fut pas différé d'un jour ; dès le lendemain, après les Vêpres, les cloches de l'église paroissiale annonçaient par leur joyeux carillon qu'un enfant venait de naître à la vie de la grâce. Avec le nom de Marie, à laquelle sa

2

pieuse mère l'avait voué, même avant sa naissance, il reçut le nom du virginal Apôtre qui a mérité d'être appelé le disciple bienaimé de Jésus, et à qui le divin Maître avait accordé de reposer sur son Cœur, à la dernière Cène. Il entrait ainsi dans la vie chrétienne sous les plus heureux auspices. La sainte Vierge Marie et son fils d'adoption, Saint Jean, allaient veiller avec une particulière sollicitude sur le jeune enfant qu'on avait placé sous leur patronage.

Le foyer où Dieu l'avait fait naître était l'asile des plus pures et des plus aimables vertus. On ne pouvait en franchir le seuil ni pénétrer quelque peu dans l'intimité de cette famille, sans éprouver l'impression que tout y était bon, saint et gracieux, et que sûrement le péché mortel n'y avait jamais habité. M. Antoine Buathier était instituteur, il voyait dans ses humbles fonctions une mission sublime à remplir. Pour lui, il ne s'agissait pas seulement d'apprendre aux pauvres enfants de village qui lui étaient confiés les premiers éléments des connaissances humaines, un peu de grammaire, de calcul, de géographie et d'histoire, mais surtout de les élever chrétiennement. Sous la couche grossière d'ignorance qui recouvrait ces natures primitives, il découvrait l'âme, l'âme baptisée, pleine de Dieu et promise au ciel. Donner à cette âme la notion de sa dignité et du respect qu'elle se doit, apprendre aux enfants à se conduire par l'idée du devoir et par le sentiment de la crainte de Dieu, éclairer et fortifier leur foi, les habituer à la prière et la leur faire aimer, leur inculquer enfin, dès l'âge le plus tendre, tous les principes et les sentiments qui font le bon chrétien, telle était pour lui la base nécessaire de l'éducation. Heureux temps où l'instituteur comprenait ainsi la mission qu'il a reçue et pouvait être à ce point l'auxiliaire du prêtre !

Un tel maître méritait d'avoir une petite âme bien à lui, qu'il pût tout à son aise former à l'amour de Dieu. Elever son fils devint l'œuvre de sa vie, et il s'y dévoua avec une ardeur qui, d'ailleurs, n'enlevait rien au zèle qu'il apportait aux devoirs de sa charge. Quelque précieux qu'aient été les dons de cœur et d'intelligence que l'abbé Buathier avait reçus du ciel, il doit pour une grande part ce qu'il a été à la formation du foyer. Certes, sa vertu a brillé de tout le prestige qu'ajoute à la sainteté personnelle le caractère sacerdotal avec un talent supérieur. Dans une condition plus humble, la sainteté du père n'était pas moindre, et il eût manqué à la physionomie morale du fils un de ses traits de beauté les plus remarquables, si son âme n'avait été imprégnée dès ses plus jeunes années de la foi profonde et naïve qu'il trouvait à la maison paternelle.

Dans cet intérieur dont la douceur rappelait celui de Nazareth, il y avait une femme, Marie Guillet, qui était la digne compagne de cet excellent chrétien. Gracieuse et modeste sous la vieille coiffe bressane, avec un front limpide et ces yeux clairs et profonds qu'elle avait donnés à son fils, on eût dit une figure détachée d'un groupe du Pérugin. Assez instruite pour seconder son mari dans l'œuvre difficile de l'enseignement, elle avait surtout cette élévation d'âme et cette délicatesse de sentiment qui ne vont qu'avec la vraie piété. Il se dégageait de toute sa personne un grand charme de pureté, et à son contact l'âme de son enfant en fut toute pénétrée. Matin et soir, elle lui faisait réciter sa petite prière, et quand, le dimanche, la cloche annonçait la messe paroissiale, elle l'endormait, le laissait à la garde des anges, et venait en toute hâte à l'église. Jamais, aimait-elle à dire, les soins qu'elle devait à ses enfants ne lui avaient fait manquer les offices, tant elle avait de pieuses industries pour concilier ses devoirs de mère et de chrétienne.

Entre le sourire de celle qui lui avait donné le jour et la gravité douce de son père, la première enfance du jeune Jean-Marie s'écoula heureuse. Un moment, il vit près de lui le berceau d'une petite sœur, mais il la perdit bientôt.

Un jour (quel âge avait-il alors ? peut-être quatre ans, peut-être cinq), ses parents le menèrent à Ars. Il est peu d'intérieurs chrétiens, dans la région, qui n'aient fait ce pèlerinage, vers les dernières années de la vie du saint curé. Chacun voulait avoir de lui un conseil, une parole encourageante, une bonne prière, une bénédiction enfin, pour soi ou pour ceux que l'on aimait. Dans la foule qui se pressait autour de lui, M. Vianney remarqua à leur air pieux ce jeune homme, cette jeune femme, avec leur tendre enfant : une copie vivante de la Sainte-Famille. Il les appela auprès de lui et caressa le petit Jean-Marie. Puis il adressa à la mère cette parole, qui fit tressaillir au plus intime du cœur la généreuse chrétienne et qu'elle aimait à répéter plus tard : « Ayez grand soin de cet enfant, il fera beaucoup de bien. »

Jean-Marie fut vivement impressionné de cette scène ; toute sa vie, il eut devant les yeux ce saint vieillard qui l'avait caressé et béni ; quarante ans après, il en traçait encore, à l'aide de ses souvenirs d'enfant, cet admirable portrait : « On ne pouvait le regarder sans être ému jusqu'au fond de l'âme : cette figure émaciée par la pénitence, ces yeux profonds et purs, familiarisés avec le ciel, le tabernacle et les larmes ; ces lèvres d'où ne montait que la prière et d'où ne descendait que le pardon ; toute cette physionomie céleste et transparente, telle que Cabuchet nous l'a rendue dans une œuvre immortelle, parlait de Dieu, attirait les hommes et provoquait l'admiration. Elle était belle de toutes les splendeurs de l'âme et l'âme était belle de toutes les splendeurs de Dieu. » Et le brillant écrivain ajoute, en citant Lacordaire : « O visages des Saints, douces et fortes lèvres accoutumées à nommer Dieu et à baiser la croix de son Fils ; regards bien-aimés qui discernez un frère dans la plus pauvre des créatures ; cheveux blanchis par la méditation de l'éternité ; couleurs sacrées de l'âme qui resplendissez dans la vieillesse et la mort. Heureux qui vous a vus ! plus heureux qui vous a compris et qui a reçu de votre glèbe transfigurée des leçons de sagesse et d'immortalité ! »

Les vues prophétiques du curé d'Ars

semblaient déjà se vérifier dans l'angélique piété de Jean-Marie. Quand une âme d'enfant est cultivée, comme la sienne, dans une atmosphère de foi, à l'abri de tout souffle desséchant ou impur, elle s'y épanouit de bonne heure avec tous les charmes de l'innocence ; en même temps que sa raison, s'éveille son baptême, et le Saint-Esprit, qui repose en elle, y développe avec amour les plus heureuses dispositions chrétiennes. Jean-Marie est allé quelquefois à l'église, où dès l'âge de trois ans sa mère l'a mené à la messe : il a vu le prêtre célébrer les saints mystères ; il a vu une fois le curé d'Ars à l'autel ; un instinctif attrait du sacerdoce s'est aussitôt révélé en lui, le Saint-Sacrifice l'attire, et dans ses jeux innocents, il s'essaye à le produire. Sur une petite table, recouverte par sa mère d'une jolie nappe blanche, il dispose un crucifix, des cierges, un livre, une hostie en papier, une timbale d'argent, et ce petit prêtre de cinq ans, abîmé dans le recueillement et la prière, prélude au sacrifice qu'il doit célébrer un jour effectivement. Plus tard, en montrant cette table qui existe encore, il aimait à dire aux amis dont il recevait la visite : « Voici la table sur laquelle, étant enfant, je me suis exercé à dire la messe. »

Du reste, il sort peu ; il y a tant de charme pour lui, à l'intérieur de la maison ! Et sa mère le garde auprès d'elle avec une tendre sollicitude, jalouse de lui épargner tout contact qui pourrait ternir tant soit peu cette fleur exquise de pureté. C'est la brebis inséparable de son agneau. Parfois, il descend avec elle jusqu'au bas de la vallée, où deux ruisseaux, le Jonc et l'Irance, serpentent avec un doux murmure ; ou bien, quand elle est restée en haut de la colline, à l'ombre d'un grand arbre, pour y travailler, il s'amuse à ses pieds, et parfois il interrompt ses jeux enfantins pour jeter un regard sur la plaine boisée et gazonnée, qui s'étend là-bas, jusque vers les hauteurs du Revermont et du Bugey, dominées dans le lointain par quelques cimes neigeuses des Alpes, qui brillent aux rayons du soleil. Ce sont ses premières impressions esthétiques, vagues et inconscientes d'abord, mais bientôt plus précises, et qui font naître dans son âme le sens et l'amour du beau.

Il est bien jeune encore quand il quitte ce pays de sa première enfance, M. Buathier est envoyé dans une localité plus importante, à Biziat, entre Bourg et Mâcon. Lorsque Jean-Marie a suffisamment grandi pour être appliqué à des études un peu sérieuses, son père, qui dirige son développement intellectuel, constate avec bonheur chez lui le goût des livres. Tandis que tant de pauvres enfants s'endorment sur leurs manuels et leurs cahiers et n'apprennent qu'au prix des plus pénibles efforts d'attention, celui-là ne se plaît qu'à l'étude, il est avide de savoir et il dévore tous les ouvrages qui lui tombent sous la main. Dieu n'a pas moins doué en lui l'intelligence que le cœur et le caractère, c'est à Dieu que tous ces dons vont revenir. Et quel honneur, s'il les couronne par la grâce incomparable du sacerdoce !

Depuis longtemps, M. et Mme Buathier se demandaient si Dieu ne destinait pas leur

enfant au Sanctuaire. Qu'il fut prêtre, c'était
leur plus cher désir, tous les jours ils faisaient
une prière à cette intention, et il semblait bien
que le ciel voulût les exaucer. Ils parlèrent
de leurs secrètes espérances à M. Descaillot, curé de Biziat. Lui-même avait remarqué, dès les premiers jours où il avait
vu Jean-Marie, cette intelligence ouverte qui
s'alliait heureusement à la naïveté du jeune
âge, cette piété ingénue qui allait jusqu'aux
racines de l'âme, cette candeur et cette bonté
qui se lisaient dans la limpidité de son front
et de son regard. D'ailleurs, l'enfant voulait
être prêtre, il l'avait dit maintes fois à sa
mère, à travers les mille confidences qu'il
aimait à lui faire ; quand on lui annonça
qu'il allait commencer son latin, il bondit
de joie.

M. Descaillot s'était offert à lui enseigner
les premiers éléments, et sa proposition avait
été accueillie par M. et Mme Buathier avec
d'autant plus de reconnaissance que Jean-
Marie était d'une santé délicate et que la
prudence conseillait d'attendre qu'il se fût

fortifié avant de lui faire aborder l'épreuve de la vie de collège. Le jeune latiniste passa donc la moitié de son temps près de M. le curé, et il lui fut plus difficile de s'y habituer qu'on ne l'avait cru d'abord ; la solitude des longues heures du presbytère lui pesait, sa mère lui manquait avec son bon sourire et sa douce et caressante parole, les premières pages d'une grammaire qu'il s'agissait d'apprendre, sans la comprendre toujours, lui paraissaient aussi fastidieuses qu'arides, et plus d'une fois il lui arriva de pousser un gros soupir en regardant la porte, et de dire tout bas : « Oh! que le temps me dure ! »

Du reste, à force d'énergie et de vertu, Jean-Marie parvint à triompher de ses premières répugnances. L'époque de sa première Communion approchait ; quelques efforts que lui demandât le travail, ne fallait-il pas les offrir à Jésus pour obtenir la grâce de la bien faire ? Les pensées de la foi, soigneusement entretenues en lui par ses parents, l'aidaient à se vaincre, surtout à ce moment où il fallait se préparer à recevoir

Notre-Seigneur dans la Sainte-Eucharistie.

Rien de plus pieux que cette préparation, toute la famille y prit part; longtemps d'avance on avait introduit dans la prière du soir un *Pater* et un *Ave*, et des invocations spéciales en vue de la première communion; la prière finie, Jean-Marie prenait un livre et faisait, à haute voix, une lecture sur l'Eucharistie; à mesure que le grand jour approchait, son père et sa mère redoublaient leurs recommandations et leurs conseils. Le cher enfant avait l'âme toute embaumée de suaves et saintes pensées, et le cœur tout palpitant d'amour, lorsqu'il se rendit à la sainte Table. C'était le 6 avril 1862, une date qui lui resta chère toute sa vie, une de celles dont il ne laissait jamais passer l'anniversaire sans le célébrer par une petite fête bien intime, mais non moins cordiale.

Quand vint le moment de choisir la maison où devait se développer le germe béni de la vocation de Jean-Marie, ce fut au Petit Séminaire de Meximieux que M. et Mme Buathier confièrent leurs plus chères espérances, en y amenant leur enfant aux premiers jours d'octobre 1862. Situé au pied des collines qui dominent la plaine de la Valbonne, l'établissement n'offrait de particularité remarquable qu'une aile de bâtiment toute neuve, ayant grande apparence, restée, hélas ! inachevée et raccordée, tant bien que mal, à une vieille maison où abondaient les coins sombres, les voûtes et les corridors mystérieux Mais les études y étaient prospères, la piété y florissait, et tout justifiait la belle inscription en lettres d'or qui se lisait sur la terrasse, au pied d'une statue de la Sainte Vierge : *Maria hujus domus Regina :* Marie est la Reine de cette maison.

L'on ne tarda pas à remarquer dans le flot des nouveaux, ce petit garçonnet à l'air vif, au teint délicat, à l'air toujours riant et heureux, qui était, avec une légère pointe de malice, le meilleur compagnon du monde. Les jeux bruyants l'attiraient peu ; il était de complexion trop frêle pour s'y livrer avec l'entrain de certains autres, sa vivacité naturelle n'apparaissait tout entière que dans les jeux de l'esprit et dans la conversation, où déjà affluaient sur ses lèvres ces saillies joyeuses, pétillantes, mais toujours inoffensives, qui devaient donner plus tard tant de charme à sa causerie.

Presque en même temps que le jeune Buathier, arrivait dans cette sainte maison un autre enfant, d'aspect maladif, lui aussi, et d'allure timide, mais qui ne tardait pas à gagner son cœur, et plus encore à l'édifier par une ardeur au travail que rien n'arrêtait, par sa vive piété et par je ne sais quelle gravité sérieuse, même un peu sévère, que tempérait cependant une grande douceur dans la parole et les manières. Il se nommait Joseph Théloz. Étroitement uni dès lors à Jean-Marie, par une amitié pure et élevée qui allait se développer avec le temps, il devait plus tard travailler avec lui à la grande œuvre de faire aimer le divin Cœur de Jésus.

Le jeune séminariste retrouvait à Meximieux toutes les chères dévotions auxquelles son âme s'était habituée au foyer paternel :

l'Ange gardien, la Sainte Vierge, la Sainte Famille, le Sacré Cœur. Une Congrégation des Saints Anges groupait l'élite des plus jeunes élèves dans une association de prière, de soutien moral et d'édification mutuelle. Jean-Marie ne tarda pas à demander l'honneur d'en faire partie ; il y fut admis dès la première année, en attendant de passer dans la Congrégation de la Sainte Vierge, réservée aux élèves plus âgés.

Parmi cette jeunesse écolière de Meximieux, pas un cœur où ne régnât l'amour de Marie. Les jours de promenade, sitôt les rangs rompus, l'on voyait se former, ici et là, des groupes de quatre ou cinq élèves, debout, la tête découverte, récitant pieusement leur petit Office de la Sainte Vierge ; puis, certains cherchaient des fleurs, violettes, muguets, pâquerettes ou autres, en composaient un rustique bouquet, qu'ils rapportaient triomphalement à la maison pour le déposer aux pieds de la Madone de leur classe. Au 1er mai, cette madone recevait une parure nouvelle de broderies, de guirlandes, d'inscriptions flamboyantes, on lisait devant elle une prière et une consécration de toute la classe, et l'on se remettait au travail avec plus d'ardeur, après que l'on avait dit à Marie combien elle était aimée de ses enfants de Meximieux. Dès sa première année, Jean-Marie eut l'honneur de rédiger et de lire cette consécration. Ce fut un compliment peu éloquent, avouait-il dans une lettre à son père, mais qui du moins avait le mérite d'exprimer ingénuement les plus affectueuses pensées de son cœur.

Le même attrait de piété le portait à servir à l'autel. Le rite lyonnais, alors en usage dans le diocèse de Belley, admettait dans les cérémonies de l'Église un déploiement pompeux d'officiants de tous ordres ; dans la chapelle du Séminaire, défilait, aux jours de fête, un long et solennel cortège de prêtres, de diacres, de thuriféraires et d'acolytes s'avançant avec une gravité lente, vers le sanctuaire où allaient s'accomplir les mystères sacrés. En tête, marcha souvent, modeste et gracieux appariteur, son bâton doré à la main, le jeune Jean-Marie Buathier.

Dans la foule enfantine qui se pressait sous le toit du Séminaire, point d'âme perdue ; chacun de ces enfants, si petit qu'il fût, sentait reposer sur lui un regard paternel pour le prémunir contre le danger, diriger sa conscience et mettre en œuvre toutes ses forces intellectuelles et morales. Il y avait dans cette pieuse maison un prêtre dont la vue seule donnait l'impression de la sainteté, un mystique de l'école de saint François d'Assise et du Vénérable Curé d'Ars, au cœur dévoré des flammes de l'amour divin, à la parole ardente, et qui savait allier à une austérité implacable pour lui-même, une bonté et un dévouement à toute épreuve pour les chères jeunes âmes qui lui étaient confiées. C'était ce vénéré Père Robelin, dont notre ami, le regretté chanoine Théloz, a conservé la mémoire dans sa belle et édifiante biographie : *Un Directeur de Séminaire.*

Dès l'abord, Jean-Marie fut conquis, il lui donna sa confiance et ne la reprit jamais. De son côté, M. Robelin reconnut immédiate-

ment les ressources exceptionnelles de cette
nature d'élite. « Ne vous contentez pas d'une
vertu ordinaire, lui répétait-il souvent, vous
êtes appelé plus haut ! *ad majora natus*. Le
bon Dieu veut tout votre cœur, et si vous
êtes fidèle à sa grâce, vous ferez du bien,
beaucoup de bien. Mais vous devez atteindre
à la perfection du sacerdoce. »

Le premier professeur de Jean-Marie,
s'était également attaché à lui ; il se plaisait
à lui donner des marques d'un intérêt tout
paternel, M. et Mme Buathier lui avaient
recommandé très spécialement leur enfant ;
le mandat fut rempli avec une extrême
fidélité, et M. Berthiaud n'épargna à son
jeune protégé ni les bons conseils ni les
témoignages d'un affectueux dévouement.
Rarement l'on vit la Providence entourer de
si tendres sollicitudes la formation d'une
âme prédestinée.

Du reste, au milieu de tant de faveurs par-
ticulières, qui tendaient à le distinguer de ses
condisciples et qui auraient pu lui donner de
l'importance, la modestie de Jean-Marie ne

fut pas atteinte ; il resta jusqu'au bout simple, avenant et sympathique à tous.

De loin, M. et Mme Buathier veillaient sur leur trésor. Leur prière de chaque jour appelait sur leur enfant la grâce et la bénédiction du Seigneur, et une correspondance active les faisait vivre de tous les détails de sa propre vie. L'abbé Buathier a conservé précieusement, comme des reliques, les lettres qu'il reçut alors de son vénéré père. En fait, il s'en exhale un rare parfum de piété chrétienne : la pensée de Dieu, l'horreur du péché, l'amour des fêtes religieuses, particulièrement des fêtes de la Sainte Vierge, tout ce qui peut élever l'âme et ouvrir le cœur d'un enfant, la prière, la prière surtout, se retrouve à chaque page de ces lettres.

Le 16 juin 1863, Jean-Marie, à l'occasion de la première Communion de ses condisciples plus jeunes, renouvelle ce grand acte de de sa vie. « De quelle grâce n'as-tu pas été inondé en ce beau jour, lui écrit son père, si tu t'es préparé par une bonne retraite ! Dieu se fait un plaisir de se communiquer à l'âme

qui le cherche et qui le désire vivement.
Quels ont dû être tes sentiments envers ce
bon Jésus, au moment où il est descendu en
ton cœur, pour y reposer comme sur son
trône ! Oh ! certainement tu n'as pu trouver
aucune parole pour les exprimer. Mais ton
cœur n'était-il pas ému ? Ne battait-il pas
bien fort ? Ne se sentait-il pas réchauffé par
la présence d'un Dieu ? »

Un mois après, Jean-Marie est à la veille
de recevoir le sacrement de Confirmation. Il
demande la bénédiction de ses parents, avec
le pardon des petites fautes commises depuis
sa première Communion. Le père lui répond
aussitôt : « Reçois, mon cher enfant, notre
bénédiction paternelle ; qu'elle attire sur toi
la rosée céleste et la protection divine, comme
celle qu'Isaac donna à son fils Jacob. O mon
doux Jésus, agréez, s'il vous plaît, cette bénédiction que nous donnons à notre cher
enfant. Bénissez-le vous-même, afin qu'il
fasse en tout votre volonté sur la terre, bénissez-le, comme vous avez béni votre sainte
Mère et les Apôtres en montant au Ciel.

Faites que, comme eux, demain, il reçoive votre Saint Esprit, qu'il soit embrasé du feu de son saint amour et que toute sa vie il n'ait point d'autre but que celui de travailler à la gloire de votre Père, à vos intérêts et au salut des âmes ! »

Telles sont toutes les lettres de ce père chrétien, débordantes de foi et de piété, autant et plus encore que de tendresse pour son enfant. Parmi les dévotions qu'il lui recommande, celle du Sacré Cœur revient fréquemment sous sa plume. Un jour, après l'avoir engagé à réparer les outrages que ce divin Cœur reçoit chaque jour au Très Saint-Sacrement, il s'écrie : « Oh ! qu'elle est belle, qu'elle est admirable, la dévotion au Cœur de Jésus ! Que ceux qui la pratiquent bien doivent en recevoir de grâces et de bénédictions ! Faisons tous nos efforts pour être du nombre de ces âmes privilégiées. »

Voilà le germe jeté en bonne terre. Viendra un jour où cet enfant, l'objet de tant de sollicitude à cette heure, formé, dans l'ombre et le silence du sanctuaire, à la pratique de

la piété chrétienne, se révélera à ses contemporains comme un penseur et un écrivain
de grand mérite, un reflet de gloire s'at-
tachera à son nom ; il n'aura pas de plus
grande joie alors que de propager la chère
dévotion qu'il a reçue d'un père bien-aimé,
toute son ambition sera d'être l'apôtre du
Sacré Cœur.

Toutefois, sa jeunesse connut une crise où
il faillit laisser quelque chose de sa vertu. Il
avait toujours aimé la lecture ; jeune enfant,
le chanoine Schmidt et même Berquin
n'étaient point sans charme pour lui, et pour
se plonger dans les délices de leurs com-
positions naïves, il se hâtait d'achever ses
devoirs, sa merveilleuse facilité lui permettant d'ailleurs de les bien faire. Avec l'âge,
cet attrait pour la lecture ne fit que s'accroître, et avec lui le danger. Lorsqu'il arrive
en seconde, sur la fin de l'année 1866, à son
premier contact avec la littérature, sa tête
s'enflamme, il ne rêve plus que poésie et
beau langage, et quand se présente à lui
quelque livre aux idées neuves, à la forme

originale, aux images brillantes, en un mot avec tout ce qui flatte et séduit la jeunesse, il le dévore. D'autre part, il a auprès de lui des condisciples dont les intentions sont certainement moins pures que les siennes, quelques esprits faux ou indisciplinés, quelques cœurs amollis. Dans les meilleurs collèges, un seul mauvais élève, s'il est assez habile pour tromper la vigilance de ses maîtres, réussit parfois à constituer un petit groupe à son image ; c'est la part que se réserve le démon dans la maison de Dieu ; l'influence du mal n'y est point assez forte pour opprimer les consciences, comme il arrive trop souvent dans les collèges sans religion, où la bête impure dévore impunément les plus belles âmes ; elle s'y fait pourtant assez sentir pour éprouver les enfants et les préparer aux luttes qui s'imposeront à eux plus tard ; ceux qui, ayant à subir ce voisinage, n'en souffrent ni dans leur innocence, ni dans leur foi, y prennent une plus indomptable vigueur.

En frôlant le danger, Jean-Marie n'y brûlat-il pas quelque peu ses ailes ? Nous ne saurions le dire, mais sûrement sa conscience si droite et si délicate le préserva de toute faute grave. Il était malheureux de voir le mal se faire tout près de lui, et il aspirait à l'atmosphère si sereine de la famille. « C'est un air empesté que l'on respire ici » disait-il un jour. « Mon enfant, lui répondait le professeur à qui ses parents l'avaient confié, évitez telle compagnie suspecte, n'échangez pas même une parole avec tel camarade, et vous verrez que l'air est aussi pur qu'il l'était pour vous durant vos premières années. »

Il eut le courage de ces séparations absolues et il y retrouva le bonheur. Une page intime nous dira la vivacité de sa foi, à travers ces épreuves qui peut-être avaient fait à son âme quelques meurtrissures. Elle est écrite le 8 et le 9 juin 1867, à l'occasion de la première communion, au Petit Séminaire.

« Je viens de me faire absoudre par le Dieu de miséricorde ; je suis bien pur maintenant ; mon âme est toute blanche et mon cœur brûlant d'amour pour Dieu. Oh ! oui, je l'espère, le Ciel peut, à cette heure, considérer ma pauvre âme ; si les ornements n'y abondent pas, du moins elle est blanche. Oh ! merci, mon Dieu ! Que mon cœur vous aime maintenant, vous, par-dessus tout et tous ! Je veux purifier encore, ou plutôt embellir mon âme. Je vous prie pour ces chers petits enfants qui demain, pour la première fois, vous iront recevoir. *Pour la première fois !* Que ces mots me vont au cœur ! Oh ! je me le rappelle et je me le rappellerai toute ma vie, ce jour où l'on disait aussi de moi : « Pour la première fois il a reçu son Dieu. » C'était là-bas, sous les voûtes aimées de l'église de Biziat. Qu'il y faisait bon ! Quelle suavité ! Quelle douceur !...

« Oui, il m'en souvient, c'était dans le village de mes premiers ans, je m'approchai des degrés de l'autel, et pour la première fois, Dieu vint dans mon cœur. Doux souvenirs ! pensées qui passent, odoriférantes comme le parfum de la rose et qui, en ce jour, se pressent plus vives et plus embaumées, quand vingt-sept autres enfants viennent former cette couronne qui me rappelle celle dont j'étais un fleuron. O doux souvenirs, doux souvenirs, revenez et restez !...

« Je les ai vus ce matin, ces enfants ; en les voyant, j'ai vu l'innocence, la candeur, la simplicité. Je les admirais, j'enviais leur joie ; un reflet d'eux-mêmes arrivait jusqu'à moi.

« Non loin d'eux, leurs pères et leurs mères pleuraient : douces larmes ! Et moi aussi, je sentis ma paupière se mouiller, alors que leur cœur recevait Celui qui a dit : « Laissez venir à moi ces chers petits enfants. »

« Oh ! oui, je comprends mieux à présent le mot de ce jeune enfant qui disait au jour de sa première communion : « C'est le paradis sur la terre...» Mais le voilà qui passe ce jour, et il passe bien vite. Ses instants sont précieux. J'emploie le reste des heures à écrire ici mes pensées, mes souvenirs. Et je ne puis que répéter : Il y a cinq ans !... Et aujourd'hui !... Deux jours bien beaux tous deux. Le second rappelle le premier et me le représente ; le premier fait aimer le second davantage par son souvenir si doux. Ils

s'unissent et se confondent, leurs parfums
n'en font qu'un . . . .

« Oh! comme aujourd'hui j'ai pu prier
pour ceux que j'aime! Mes parents sont
venus à ma pensée et sur mes lèvres ; mon
cœur a prié pour eux avec toute l'ardeur
possible... Il a prié pour ceux qui dorment
sous la froide poussière du tombeau, pour
ma grand'mère, pour mon oncle et pour tant
d'autres chères personnes ? Mon Dieu, que
puis-je rendre à tous ces bienfaiteurs, parents et amis ? Rien. Rendez-leur donc tout...
Et pour moi! Oh! j'ai prié aussi pour moi.
J'en ai plus besoin que tout autre. Vous
voyez, mon Dieu, ce que je vous ai demandé,
ne me le refusez pas! »

Les défaillances dont gémissait ainsi Jean-
Marie Buathier n'avaient pu atteindre le
fond de sa droite et exquise nature ; il s'était
promptement ressaisi, et il se retrouvait
avec toute la délicatesse de sa conscience,
toute l'élévation de son âme et ce je ne sais
quoi de plus circonspect et de plus fort en
même temps, que donne l'expérience d'un

danger que l'on a su éviter. Il entra en rhétorique sur la fin de l'année 1867, bien décidé à y devenir meilleur.

Les évènements publics étaient pleins de trouble et d'angoisses ; on était au début de cette crise religieuse et sociale qui menace de finir dans le plus lamentable désordre ; la Révolution achevait de dépouiller le Saint-Père de ses Etats, et la France, oublieuse de ses antiques gloires, laissait accomplir l'inique spoliation. Mais tout ce qu'il y avait d'esprits généreux s'indignait ; dans les collèges chrétiens, la jeunesse frémissait des atteintes portées aux droits de l'Eglise et à l'honneur du pays. A Meximieux, le professeur de rhétorique, jeune prêtre de talent et de cœur, qui depuis, pendant de longues années, a dirigé avec une distinction égale à son succès le collège de Juilly, M. Olivier, ouvrait l'esprit de ses élèves aux questions au milieu desquelles ils allaient vivre : chacun se passionnait, qui pour une idée, qui pour un homme. Jean-Marie donnait son admiration à Louis Veuillot : il aimait cette âme franche, si absolument dévouée à Dieu et à l'Eglise, ce génie nerveux, ce style éminemment personnel et primesautier, et l'air de bataille, que l'on respirait dans tous les écrits du puissant polémiste, n'était pas pour lui déplaire. Mais Louis Veuillot, c'était, dans ce petit monde du Séminaire comme dans les sphères des hautes luttes, un nom de contradiction, et de malins condisciples eurent bientôt fait de décocher à son jeune admirateur l'épithète de *Veuillolâtre*. Le mot parut joli, et il resta.

Jean-Marie en prenait gaîment son parti. « Si A. trouve son plaisir à me garder le doux nom qu'il a inventé, écrivait-il, je ne veux pas le lui interdire, d'abord parce que je l'aime assez pour lui laisser tous ses plaisirs, puis, parce qu'il n'est point en mon pouvoir de lui ôter celui-ci, et enfin parce qu'alors même que je le pourrais, la chose me serait indifférente. »

Comme il est vrai que l'abbé Buathier est né écrivain ! A ce style alerte et précis, à ce mélange d'esprit et de cœur, que l'on retrouve jusque dans cette polémique de collège, ne reconnaît-on pas déjà la griffe du lion?

Toutefois, il éprouve le besoin d'affirmer ses affections et de les défendre, s'il le faut. « Oui, j'estime, j'aime Louis Veuillot; sans doute je suis loin de l'adorer et de faire fi de tout ce qui ne pense pas comme lui dans les questions où l'Eglise laisse la liberté. Seulement, j'adore ce qu'il adore, j'aime ce qu'il aime, et c'est parce qu'il défend avec la force d'un vigoureux athlète les objets de notre adoration sincère et de notre grand amour, que je l'aime lui aussi et que je lui ai voué ma plus véritable admiration. »

« Il a défendu la justice, la vérité et toutes les grandes causes d'ici-bas. Il a consacré sa vie entière à lutter pour le bien, et après cela on vient nous dire qu'il est trop acerbe! Il y a même des chrétiens, chrétiens de médiocre foi! qui craignent l'éclat de ses livres. A les entendre, M. Veuillot fait trop de bruit pour faire du bien. Comme c'est bien cela! Si nous voulons parler *chrétienne-*

ment, ne manquons pas de mettre une sourdine à notre voix ; renfermons nos croyances dans le Cénacle, et que le souffle véhément de la Pentecôte n'ait garde de s'élever !... »

Les *Lettres à mon voisin*, où se trouvent ces graves discussions, mêlées parfois aux petits incidents de la vie écolière étaient écrites à ses moments de loisir ; il nous en reste neuf, toutes pétillantes de jeunesse et d'humour. Nous avons également entre les mains un charmant opuscule qui date de la même époque : l'*Amitié*. Ce fut sans doute dans le principe, une simple esquisse, un de ces devoirs libres que l'on pouvait faire en ces temps heureux où l'on n'avait pas en rhétorique la préoccupation desséchante du programme universitaire. Mais le sujet plaisait à Jean-Marie, il le reprit quelques mois après, le développa et le traita avec amour ; il savait déjà, par expérience, la force et la douceur de l'amitié.

L'ami auquel il s'était donné, Louis Chanudet, était un adolescent de même âge que lui, grand, élancé, les yeux rêveurs, le front pâle, et qui semblait marqué par la mort pour une fin prochaine. Pieux et intelligent, il portait au cœur de ces délicatesses comme seuls en ont ceux qui ont déjà souffert ; lui aussi rêvait du sacerdoce, mais il ne devait pas même en toucher le seuil. Les deux amis se visitaient, pendant les vacances, dans leur famille respective, à Bourg et à Biziat ; et quel était le charme de ces rencontres, le jeune Buathier va nous le dire :

« C'était à la lueur d'une belle nuit de mai ; accoudés ensemble sur la fenêtre ouverte, enveloppés de la sereine fraîcheur du soir, nous regardions au ciel la lune qui balançait sur nos deux visages son amical reflet, et les étoiles qui lançaient dans l'espace leurs gerbes d'étincelles, tandis que sur la terre, dans un horizon lointain, la masse des montagnes s'effaçait dans les bleuâtres ombres d'un crépuscule prolongé. Long-temps, en face de ce spectacle plein de mélancolique beauté, nous causâmes de Dieu, de nos livres et de nous-mêmes, de nos poètes préférés, de nos grands hommes plus aimés, puis du bonheur de vivre, de vivre en présence d'un tel spectacle et avec des êtres si chers ! Et instinctivement, peu à peu et je ne sais comment, au lieu de continuer, en parlant de l'amitié qui arrivait de nos cœurs sur nos lèvres, nous arrêtâmes là notre entretien et bientôt le silence devint complet. Pas un bruissement dans la nature, sur nos lèvres pas une parole ! mais, dans nos cœurs, quel tourbillon de pensées !... »

Il y aurait, de l'opuscule sur l'*Amitié*, des pages entières à citer ; tout y annonce le futur auteur du *Sacrifice*, doctrine, ordonnance et style.

Pour lui, l'amitié n'est que dans l'union des âmes, mais sous le regard de Dieu. « L'union de deux âmes, voilà donc l'amitié. Mais de quelles âmes, ô mon Dieu ? Hélas ! il en est tant aujourd'hui de viciées, de salies, qui ne savent plus, depuis de longs jours, s'élancer vers vous, radieuses d'espérance, resplendissantes d'immortalité ! Pauvres âmes tellement défigurées que votre empreinte, Seigneur, n'y est plus reconnaissable, tellement dégradées, qu'elles n'ont plus de similitude qu'avec la terre ! Comment l'amitié leur serait-elle possible ? C'est une fleur qui ne saurait germer dans la fange, encore moins y croître et s'y épanouir...

« Oh ! oui, mon Dieu, soyez glorifié d'avoir fait de l'amitié la compagne de l'innocence, l'ornement des âmes vraiment pures, de l'avoir placée à des hauteurs ignorées de l'impie et du voluptueux ! Soyez béni, parce que toute alliance non formée en vous et d'après vous, périt comme la matière, après avoir été mesquine et vile comme elle ! »

Et pour établir sa pensée, que l'amitié ne va point sans la vertu, il rappelle David et Jonathas, Jésus et Lazare, Jésus et Jean l'Evangéliste, « et toutes ces amitiés saintes, écloses sur la terre, où toujours elles ont cherché le vrai, aimé le beau et pratiqué le bien, continuées à travers la mort et par delà la tombe, jusqu'au sein de Dieu, où elles s'agrandissent, se développent et s'épanouissent tout entières dans leur divine immortalité. »

« Les temps de foi furent les beaux jours de l'amitié ; c'était alors son âge d'or ; elle fleurissait partout, mais surtout au sein de ces monastères où, sous la bure du moine, palpitaient tant de cœurs, savourant, à côté du divin amour, les chastes délices de l'union des âmes. »

Celui qui, tout jeune encore, savait si bien chanter l'amitié, devait la rencontrer souvent sur ses pas ; à vrai dire, il la provoquait, il ouvrait son âme avec une candeur et une cordialité toujours joyeuse, et quand on l'avait entrevue si belle, on ne pouvait s'empêcher de l'aimer.

CHAPITRE II

LE GRAND SÉMINAIRE

PLUS d'une fois déjà, J.-M. Buathier avait dû interrompre ses études, en raison de sa faible santé. La partie malade chez lui était le larynx, et peut-être les discussions auxquelles il prenait part sur la terrasse du Séminaire n'étaient point étrangères à son mal. « En effet, dit un de ses anciens maîtres, dans les petites luttes entre écoliers, il n'était pas rare de le voir, dominant le débat par la netteté de sa parole et la vivacité de son geste, faire triompher les conclusions les plus sages. » Mais ces victoires intellectuelles ne se gagnaient qu'au détriment de sa gorge ; il lui fallut dire adieu au Petit Séminaire avant la fin de sa rhétorique et passer plus d'une année dans sa famille.

La formation de son âme n'y perdait rien ; il se sentait revivre en effet à une vie plus surnaturelle encore, dans cette atmosphère douce et paisible du foyer paternel, à laquelle il devait les premières impressions de sa pieuse enfance ; il y retrouvait ces principes de foi et ces habitudes de prière à deux ou à trois, qui avaient déjà donné à sa nature d'enfant une physionomie si chrétienne. Dans cet intérieur où fleurissaient toutes les vertus, son âme s'épanouissait à l'aise. « Heureux enfant, qui avez pour père et pour mère deux saints, lui écrivait son directeur de Meximieux, le vénérable M. Robelin ! Pleurez de joie, bien cher enfant, sur ce don du Seigneur qui vous est fait, *à vous*. Quand ils ne seront plus, vous admirerez dans le silence de votre âme et vous redirez avec bonheur leurs vertus, parce qu'alors vous

aurez vu d'autres hommes moins heureux
que vous, privés du don spécial qui vous est
fait, *à vous* plus qu'à tant de pauvres enfants,
trop peu soutenus, mal dirigés, obligés de
marcher seuls. »

« S. Augustin nous dit qu'un saint ami
est un *précieux trésor*. Qu'est-ce donc qu'un
père et une mère saints ? Qu'est-ce que le
bonheur d'être toujours le témoin de leurs
faits et de leurs dires ?

« Il faut à votre esprit de beaux modèles
pour se former à la science. Ils ne vous
manqueront pas : sachez les choisir et con-
sulter. Il fallait à votre âme de beaux modèles
de conduite. Vous les avez !... Etudiez-les
bien.

« Adieu : je vous estime le plus heureux
de nos élèves ; et moi, le plus heureux des
pères spirituels, avec de tels enfants. »

L'excellent prêtre, un saint lui aussi, ne
perdait pas de vue son bon petit Jean-Marie,
comme il l'appelait ; il lui écrivait souvent de
ces lettres pleines d'une foi simple et vive,
dont il avait le secret. « Il est un point au-

quel je tiens et que j'exige absolument, lui dit-il un jour. S'il est observé, les autres le seront : la sainte communion, aussi fréquente qu'au Séminaire, c'est-à-dire tous les huit jours. Ne vous agitez pas, ne résistez pas ; elle se fera ainsi, et tout ira bien... » Et en *post-scriptum*. « Vous prierez M. le Curé de vous permettre la communion comme je vous la recommande. Donnez-lui ma décision. »

Jean-Marie se conforme à cette sage direction, et ses exercices de piété se continuent dans la famille avec la même régularité qu'au Séminaire.

Quant à son travail, la maladie, l'isolement l'ont forcément modéré, mais il devient plus personnel ; le jeune homme précise ses connaissances et ses appréciations littéraires ; il écrit, il fait de véritables études sur ses auteurs favoris, et comme il est à l'âge où l'on ose tout, il envoie son travail à une feuille locale, le *Journal de Trévoux*, en articles étincelants de verve et signés : Jean de Montcet. Ils sont insérés avec empressement. Jamais sans doute le journal ne se douta que l'auteur de ces articles qui accusaient tant de maturité et de talent était un petit jeune homme de dix-huit ans à peine et qui n'avait pas même terminé ses études.

Il est tout flamme et tout poésie ; il a déjà la passion du beau, il le sent avec une vivacité d'impression qui étonne tout le monde autour de lui, qui inquiète même ses parents ; un coucher de soleil, une nuit étoilée le ravissent jusqu'aux larmes. Un jour il se promène dans les champs de Biziat, en compagnie de son curé, le bon M. Descaillot, qui ne se piquait pas de poésie. Tout à coup l'on se trouve en face d'un chêne superbe : « Oh ! le bel arbre ! s'écrie le jeune Jean-Marie. Voyez donc cette puissante ramure. Quelle force dans le tronc, et comme les branches sont vigoureuses ! — Oui, répond le curé, affectant de n'y voir que des bûches à brûler, cela ferait un beau moule de bois ! »

Du reste, il vint bientôt un moment où cette exubérance de vie dut s'appliquer à des travaux plus sérieux. La santé de Jean-Marie ne lui permettant pas de rentrer au

Séminaire pour suivre le cours de philosophie scolastique, il reçut l'autorisation de faire cette étude dans sa famille, sous la direction de M. Descaillot. A vrai dire, il fut à peu près réduit à ses propres lumières ; seul à seul avec son traité, d'ailleurs trop élémentaire pour lui, il essayait de l'approfondir, d'élargir les horizons qui s'ouvraient à sa pensée et de pousser à fond ces grandes idées de philosophie chrétienne qui donnent à un esprit sa gravité ; certaines parties, comme la psychologie, la théodicée, l'ontologie, le ravissaient. Il y avait dans cette nature d'élite de remarquables aptitudes philosophiques, qui s'éveillèrent alors dans le travail solitaire de Biziat et qui devaient se révéler un jour avec un merveilleux éclat.

Au mois de juillet 1869, quoique l'état général de sa santé se fût singulièrement amélioré, le larynx n'était point encore guéri. Un curé des environs allant aux eaux d'Aix-les-Bains, M. et Mme Buathier furent heureux de lui confier leur cher enfant. La saison lui fut salutaire, quoique de courte durée ; l'usage des eaux de Challes cautérisa la gorge malade; mais ce qui fit peut-être le plus de bien au jeune homme, ce fut, avec l'air vif et fortifiant des montagnes, le plaisir de vivre durant un mois au milieu de ces sites alpestres, de voir de près ces hauts sommets, qu'il n'avait jamais aperçus que de loin, ce lac chanté par Lamartine, de jouir enfin de tout ce bien-être moral que procure la vue de la belle nature. Tout ce qui est grand donne à l'âme l'impression de l'infini, et quand il s'agit d'une âme délicate et vibrante comme était celle-là, ces impressions sont vives, et elles marquent pour toute la vie.

Il n'était pas loin de Saint-Félix, le village natal de Mgr Dupanloup; un sentiment de pieuse admiration l'y conduisit en pèlerinage. Il aimait tant ce grand cœur d'évêque, si absolument dévoué à la France et à l'Eglise!

Puis sa saison étant finie, toute trace de laryngite ayant disparu, il revint à Biziat, passa deux mois encore dans ce milieu familial, plein pour lui de douces et sanctifiantes tendresses, et le 12 octobre 1869, il disait adieu à ses parents. Ils se séparèrent de lui ce jour-là avec joie ; leurs prières les plus ardentes étaient exaucées, puisqu'ils pouvaient donner à Dieu, en la personne de leur fils, ce qu'ils avaient de plus cher au monde. Le soir même, il entrait au Grand Séminaire de Brou. Notre-Seigneur l'avait amené là par une voie toute unie, en disposant les évènements dans la suavité plus encore que dans la force. Grâce sans doute aux prières de sa pieuse mère, le jeune Buathier n'avait pas connu une seule minute les incertitudes angoissantes de la vocation, et en franchissant le seuil du Grand Séminaire, il se sentait comme chez lui.

A l'extrémité méridionale de la ville de Bourg-en-Bresse s'élève la grande et belle église de Brou, construite, vers le début du seizième siècle, par Marguerite d'Autriche, gouvernante des Pays-Bas. Avec ses rosaces et ses grandes fenêtres en ogive, qui jettent dans l'intérieur un jour éclatant, ses puissantes colonnes dont les nervures vont s'é-

panouir et s'enlacer à la voûte en un fouillis
de lignes capricieuses, elle offre un spécimen
remarquable du style flamboyant. Le chœur,
séparé du reste du monument par des stalles
et un jubé de plus de six mètres de hauteur,
semble former à lui seul une splendide église
où les cérémonies du culte peuvent se dé-
rouler à l'aise. Les trois tombeaux de Phili-
bert-le-Beau, duc de Savoie, de sa mère,
Marguerite de Bourbon, et de son épouse,
Marguerite d'Autriche, offrent aux regards
des prodiges de sculpture. Du reste, dans ce
chœur merveilleux, que l'on envisage les
boiseries noircies par le temps, ou le marbre
conservé dans sa blancheur primitive, tout
est travaillé avec un art infini, et l'abondance
des ornements, qui ont été multipliés avec
une prodigalité princière, n'a pas nui à la
perfection des détails.

Attenant à l'église, avec laquelle il com-
munique par deux couloirs, un ancien couvent d'Augustins, construit et doté par la
Princesse, est affecté depuis 1823 au Grand
Séminaire du diocèse de Belley. Il n'est pas

sans charme et sans profit, pour la jeunesse qui se prépare là au sacerdoce, de travailler dans le silence de ces cellules jadis habitées par les moines, d'errer sous leurs vieux cloîtres gothiques et de venir prier sous les voûtes de cette église si belle et qui vous pénètre d'une impression si religieuse, surtout à l'heure où le jour s'éteint aux grandes verrières du chœur et où seule brille au sanctuaire la lampe du Saint-Sacrement.

Le jeune abbé Buathier fut saisi immédiatement par le caractère de la sainte maison où il allait vivre. Que pouvait-il faire, à l'ombre de cette magnifique église, avec des condisciples avides comme lui de la grâce insigne du sacerdoce, sinon aimer Dieu, le prier de toute son âme et s'enfoncer dans l'étude des sciences sacrées ? Les personnes et les choses lui devinrent familières. Petit de taille, l'air de jeunesse qu'il portait sur sa figure, — on ne lui aurait pas donné seize ans, — sa bonne grâce, l'expression de souffrance, qui se lisait sur sa physionomie et jusque dans l'éclat de ses yeux noirs, lui attiraient l'intérêt affectueux de tous. Le premier mois n'était point fini, qu'il était devenu l'enfant gâté du vénérable Supérieur, M. Vuillod, qui lui reprochait cependant ses allures un peu vives, tout en riant de ses spirituelles et franches réparties.

La chaire de dogme était occupée par un professeur jeune encore, ayant déjà le prestige de l'autorité personnelle et du savoir, M. Perretant, depuis lors Supérieur de la maison ; il tolérait et provoquait même quelquefois la discussion, afin que du choc des idées jaillît la lumière ; mais il savait d'autre part l'arrêter à temps par une parole nette et précise, pour ne point la laisser dégénérer en débats inutiles. Il va nous raconter lui-même en quelle circonstance et sous quel jour le jeune élève de théologie se révéla à lui.

« On disait M. Buathier très intelligent, mais peu préparé à l'étude de la théologie, parce que son état de santé ne lui avait pas permis de pousser assez loin celle de la philosophie. Aussi ne fus-je pas médiocrement étonné de la part qu'il prit, dès son entrée

au cours de dogme, à la discussion d'une
question assez difficile. Nous commencions
le traité *de Religione*, qui s'ouvrait par quelques considérations générales sur les rapports entre la philosophie et la théologie,
entre la raison et la foi, question délicate,
si bien étudiée depuis par le Concile du Vatican qui venait de s'ouvrir. Le professeur
qui faisait ses débuts, lui aussi, dans la
chaire de dogme, procédait avec précaution,
n'étant bien sûr ni de lui ni de son auditoire,
qui comptait plusieurs sujets fort intelligents.
On lui avait proposé des difficultés assez
subtiles et il croyait y avoir répondu d'une
manière satisfaisante, lorsque, du fond de la
salle, au banc des nouveaux venus, s'élève
une voix perçante, qui d'un ton vif et assuré
demande « un peu plus de lumière ». Le jeune
Buathier, car c'était lui, commence par dé-
clarer ingénument qu'il n'est pas fort en philosophie et que c'est peut-être son ignorance
qui l'empêche de voir clair dans la question,
mais qu'il lui semble néanmoins qu'on
pourrait opposer tel argument à la solution

donnée. Et du premier coup, comme d'intuition, le débutant allait plus avant dans la question que tous ceux de ses aînés qui avaient opiné avant lui. Le professeur s'en tira comme il put, mais il garda souvenir de l'incident, et dès ce premier moment, il pensa que ce jeune homme serait un jour quelqu'un, et que cet œil singulièrement vif et brillant saurait jeter des regards sûrs et profonds dans la science sacrée. »

Cette première année de théologie eut son moment de vives controverses. Le Concile du Vatican s'était ouvert le 8 décembre 1869. Dans le programme des questions très importantes qu'il eut à traiter et à définir rentrait celle de l'infaillibilité du Pontife romain, docteur et pasteur de tous les chrétiens. L'esprit de parti s'en empara pour en faire une arme de guerre ; une presse indiscrète porta la discussion devant le peuple, comme s'il lui appartenait de juger de ces choses de la foi. Livres populaires, brochures, articles de journaux et de revues, ne parlaient plus que de l'infaillibilité du

Pape, le plus souvent pour la dénigrer et la combattre. Un vent d'orage soufflait à travers le monde, les esprits orgueilleux s'agitaient, on redoutait une scission violente. Mais Notre-Seigneur veillait sur son Eglise, et quand le Concile eut défini l'article de foi si vivement attaqué jusque-là, les oppositions se turent, l'union se fit et les tentatives de schisme allèrent échouer, en quelque coin d'Allemagne, dans la honte et le ridicule.

Au Grand Séminaire de Brou, les élèves de théologie n'étaient pas sans prêter l'oreille aux échos lointains de la lutte. Là du moins, personne qui ne fût soumis d'avance à la définition du Concile, qui ne reconnût et ne proclamât avec empressement les prérogatives du successeur de Saint Pierre. Mais, puisque la question de l'infaillibilité pontificale était inscrite au cours de cette année, il fallait bien la traiter, en faisant valoir une dernière fois, dans toute leur force, les arguments des adversaires. Une jeunesse ardente, avide de pleine lumière, et à laquelle le professeur laissait toute la latitude possible, dans

les limites du respect que l'on doit aux décisions de l'Eglise, se jeta dans cette étude
avec une activité passionnée. La classe était
divisée en deux camps ; les anti-infailli-
bilistes avaient lu les écrits de Mgr Dupanloup, de Mgr Maret, du P. Gratry et de
beaucoup d'autres : la *Defensio Ecclesiæ
Gallicanæ* de Bossuet avait été analysée
soigneusement, et de cet arsenal on avait
tiré quelques armes qui paraissaient bien
trempées. La bataille fut chaude et se pro-
longea durant plusieurs semaines.

Le jeune Buathier avait toujours eu une
sorte de culte pour le fier génie de Bossuet ;
il aimait ses pensées profondes, son élan
soutenu, son style original, vigoureux, si
parfaitement adapté à l'idée qu'il exprime ;
d'autre part, son âme avait souvent vibré
au souffle des généreuses inspirations de
l'Evêque d'Orléans ; il se rangea donc du
côté où l'attiraient ses affections intellectuelles et il y apporta le concours d'une parole
brillante, facile et toujours maîtresse d'elle-
même. Du reste, sans enthousiame pour la

cause qu'il avait à défendre, il s'aperçut bientôt que cette doctrine, d'ailleurs assez nouvelle, même en France, ne pouvait s'accorder ni avec les paroles de Notre-Seigneur, établissant Pierre chef suprême de l'Eglise, ni avec la constitution générale de l'Eglise elle-même et avec sa mission de gardienne et d'interprète infaillible de la doctrine révélée. Aussi son âme droite et loyale se dégagea-t-elle d'elle-même de ces broussailles toujours dangereuses de l'erreur et embrassa-t-elle avec amour la vérité, qui allait être définie quelques jours plus tard au Vatican.

Il lui arriva bien souvent, dans la suite, de revenir sur ces controverses, et il aimait à dire que ces souvenirs contribuaient à le rendre tout à la fois, et plus attaché au pur enseignement de l'Eglise, et plus indulgent pour les personnes. Il conçut d'ailleurs, au milieu de ces discussions, un goût très vif pour les études théologiques et il commença dès lors à consacrer le meilleur de son temps à la lecture de l'Ecriture Sainte et aux grandes questions dogmatiques, qui le ravissaient, par les vastes horizons qu'elles ouvraient devant lui et par l'aliment solide qu'y trouvait sa piété.

Le jeudi seul était réservé à des travaux moins graves ; le jeudi, à Brou, pendant l'été, était donné au repos ; c'était d'institution. Le matin, on se rendait tout près, dans la forêt de Seillon, pour humer l'air frais et les senteurs du printemps ; l'après-midi, on restait dans le clos du Séminaire ; les groupes se formaient et se nichaient, au hasard des préférences, à l'ombre des grands platanes ou dans le rond-point du milieu, sous le charmant bosquet que dominait du haut d'un tertre la statue de Marie. Là, on murmurait ensemble de douces prières, ou bien l'on devisait de choses et d'autres, piété, littérature, poésie ; on discutait parfois, et l'on entendait souvent la voix rieuse du jeune abbé Buathier, jeter la note éclatante et gaie dans les débats. Puis, quand les heures s'étaient écoulées rapides dans le charme d'une aimable causerie, le soir venu, au moment où la haute silhouette du clocher de Brou se noyait vaguement dans les ombres du crépuscule, un coup de cloche rassemblait autour du vénéré Supérieur tout l'essaim dispersé ; le chapelet commençait et l'on s'en allait, dans les grandes allées du jardin, le long des pommiers en fleurs, jetant aux échos de la splendide église le nom bien-aimé de Marie. Il faisait bon voir alors le jeune Buathier répondant à la prière avec un accent qui venait droit du cœur, marchant, la tête légèrement inclinée, comme abîmé dans une pensée profonde, et tout-à-coup se redressant avec un pieux sourire sur les lèvres et plongeant le regard au Ciel, comme s'il y eût cherché sa divine Mère.

Les malheurs de 1870 vinrent jeter le trouble sur cette vie de prière et de travail. Au moment où la guerre éclata, les séminaristes étaient en vacances ; les défaites des premiers jours furent bientôt suivies de désastres inouïs ; aux horreurs de l'invasion étrangère se mêlèrent celles de la révolution et d'un désordre affreux : affolé de jour en

jour par les plus lamentables nouvelles,
égaré par les insinuations perfides dont les
sociétés secrètes avaient donné le mot d'ordre,
le peuple s'en prenait au clergé et aux hommes de bien de tant de calamités. Au bout
d'un mois d'attente, l'Evêque de Belley, Mgr
de Langalerie, jugea qu'il valait mieux abriter
ses jeunes lévites sous le toit du Séminaire.
L'abbé Buathier y revint avec bonheur, suivit une retraite prêchée par le Père Monin,
l'auteur de la *Vie du Curé d'Ars*, la fit comme si elle devait être la dernière de sa vie,
et se prépara à recevoir la tonsure cléricale.
Il y était appelé à un de ces moments où se
vérifie le plus expressément la parole de
Notre-Seigneur : « Le serviteur n'est pas
plus que le Maître... Ils m'ont persécuté, ils
vous persécuteront, vous aussi. » Il plaisait
au jeune séminariste de Brou de servir un
Maître, honni, calomnié, chassé de partout,
puisque ce Maître, c'était Jésus.

Quand le jour approcha, il fit une neuvaine
à la Sainte Famille ; de loin son père et sa
mère unirent leurs prières aux siennes, ils

désiraient tant avoir en leur fils un prêtre selon le cœur de Dieu ! Ce fut le 17 décembre que leur cher Jean-Marie fit ce premier pas dans la cléricature. Dans quelles dispositions ? Nous pouvons en juger par un mot de son père : « Jamais aucune de tes lettres ne nous a causé une aussi douce joie que celle-là, lui écrit-il à la date du 22. Quels beaux sentiments tu nous y exprimes ! Nous voyons que ton cœur est inondé d'amour et de reconnaissance pour Celui auquel tu viens de te donner une première fois. Nous avons l'assurance que cette donation a été entière et généreuse, puisque Dieu a rempli ton âme de consolation et de paix, puisqu'il t'a fait si bien sentir le néant des faux plaisirs du monde, puisqu'il te fait désirer si ardemment d'être prêtre pour travailler avec zèle à sa gloire et au salut des âmes. »

Les évènements se précipitaient ; de nos armées en déroute arrivaient sur Bourg des milliers de malades et de blessés, tristes et malheureux débris sur lesquels s'acharnaient le typhus, la petite vérole et toutes les fièvres.

éruptives ; il fallut, au milieu de janvier, li-
cencier le Grand Séminaire pour le convertir
en ambulance : trente séminaristes restèrent
pour le service de l'infirmerie. L'abbé Buathier eût voulu partager avec ses amis la
fatigue et l'honneur de ce consolant ministère ; sa santé ne le lui permit pas. Lui-même
allait payer tribut à la maladie.

Son ancien professeur de Meximieux, M.
Berthiaud, curé depuis quelques mois à Roma-
nèche-la-Saulsaie, sur le plateau des Dombes,
l'avait invité à venir faire un séjour de quelques semaines dans son presbytère. En s'y rendant vers la fin de février, le jeune abbé
voulut revoir son cher Grand Séminaire, ses
directeurs, ses amis ; peut-être prit-il là un
germe pernicieux. Quoi qu'il en soit, trois
jours après son arrivée à Romanèche, une
fièvre intense le forçait à s'aliter ; on le
traita d'abord pour une angine, puis lorsque
l'angine fut guérie, la fièvre typhoïde se dé-
clara avec des symptômes particulièrement
alarmants, et il fallut le préparer à mourir.
Quand on lui parla des derniers Sacrements,

il ouvrit d'abord de grands yeux étonnés, mais il n'eut pas un moment de faiblesse et il reçut l'Extrême-Onction, nous dit son Directeur, avec la résignation joyeuse d'un enfant du Bon Dieu, qui ne dit adieu aux affections d'ici-bas que pour s'en aller à la maison paternelle du Ciel. C'est dans ces dispositions que le trouva un de ses amis du Grand Séminaire. qui vint le voir deux jours après : « Mon sacrifice est tout fait, lui disait-il ; je crois la mort bien près de moi ; il en sera ce que le Bon Dieu voudra ; au reste elle ne m'effraye pas. En définitive, est-ce que nous ne sommes pas faits pour aller au Ciel ? Je compte sur la Sainte Vierge, pour m'aider au dernier moment, sur mon bon Ange... sur tes prières aussi, ajoutait-il avec un bon sourire. »

Il fut soigné avec un dévouement admirable. Installé au chevet du cher malade, M. Berthiaud ne le quittait ni le jour ni la nuit, et il remplaçait dignement le père et la mère, que leurs devoirs professionnels retenaient loin de leur fils. A force de soins, il finit par arracher à la mort cette précieuse existence. Au commencement d'avril, quand la fête de Pâques arriva, l'abbé Buathier était en pleine convalescence ; mais sa santé, déjà si fragile, était pour longtemps compromise ; il dut songer tout d'abord à reprendre un peu de forces au sein de la famille ; et quand après la signature de l'armistice, les malades de l'ambulance étant guéris ou rendus à leurs familles, les séminaristes de Brou furent de nouveau convoqués pour reprendre des cours si tristement interrompus, ses amis ne le virent pas rentrer avec eux.

Il ne revint qu'au mois d'octobre 1871 ; mais toujours souffrant et obligé à prendre mille précautions, il ne put, au moins cette année, se livrer aux études théologiques avec l'ardeur naturelle qui l'y eût entraîné, ni même avec l'application soutenue qu'exigent ces matières parfois aussi ardues que profondes. Aussi déplorait-il plus tard ce que ses connaissances avaient forcément d'incomplet sur plusieurs points importants. Il fit mieux que de regretter ces lacunes, il les combla, et lorsqu'il entreprit son travail sur le Sacrifice chrétien, il commença par étudier à nouveau, dans les plus grands théologiens, les traités fondamentaux de l'*Incarnation*, de la *Rédemption* et de la *Grâce*.

Mais dès le Séminaire, il se préparait, bien à son insu certainement, à ces travaux de l'âge mûr. Ne pouvant pas aborder les grands maîtres de la théologie, obligé de se contenter de son manuel, qu'il criblait de ses notes, il cherchait une compensation dans la lecture de nos chefs-d'œuvre de la littérature chrétienne, pour lesquels il eut toujours une préférence marquée, et dans l'étude et la méditation de nos principaux auteurs ascétiques. L'*Imitation de Jésus-Christ* devint son livre de chevet. « Je me souviens toujours, écrivait-il plus tard, des impressions que j'éprouvai au Grand Séminaire, quand, pour la première fois, je lus ce livre d'un bout à l'autre. Cela me parut si parfait, quelquefois si difficile, que je me pris à penser que la pratique d'un tel conseiller était impossible. Puis, à une seconde lecture, Dieu aidant, je vis qu'il n'y avait pas de perfection, de sainteté, de beauté morale possible, sans l'accomplissement des règles tracées en ce livre. Et depuis lors, chaque fois que je lis un chapitre, j'en suis ravi. »

« A ce commerce fortifiant, son âme s'exaltait, écrit son professeur de dogme, devenu son ami ; comprenant mieux chaque jour les grandeurs et les exigences de sa sainte vocation, il en remerciait Dieu et voulait, à tout prix, se mettre en état d'y répondre dignement. Que de fois, dans des conversations intimes, je l'ai entendu rêver tout haut au bonheur de se dévouer pour l'Eglise et les âmes ! Mais il s'attristait parfois en pensant que sa faible santé ne lui permettrait pas de travailler au bien comme il ambitionnait de le faire... Et cependant il avait si grande envie de donner à Dieu tout ce qu'il sentait en lui et de cœur et d'intelligence !

« Ces nobles préoccupations l'assiégèrent surtout pendant la dernière année du Séminaire, alors que déjà diacre, il se préparait à la prêtrise et à la célébration de la sainte

Messe. Etre prêtre, monter au saint Autel, tenir dans ses mains l'adorable Victime et l'offrir à Dieu le Père !... Cette pensée l'avait soutenu au milieu de tant de souffrances et d'épreuves ! Et maintenant elle le pressait de multiplier ses communions de plus en plus ferventes, ses stations plus prolongées au pied de l'autel eucharistique.

« Pendant cette dernière année, sous l'action de la grâce et à la lumière que sa prochaine ordination sacerdotale projetait sur l'avenir, il se fit en lui un changement profond, que maîtres et condisciples observaient et admiraient. Sa foi vive lui disait que devant être bientôt un *autre Christ* sur la terre, il lui fallait d'abord être un homme vraiment surnaturel, et il travaillait à le devenir chaque jour davantage. Et alors, ce jeune homme, auquel on eût à première vue donné à peine 18 ans, parut avoir le sérieux et la gravité qui conviennent à la maturité de l'âge. Son caractère, toujours ouvert et gai, devint plus égal, plus maître de lui : sa piété, jusque là si avide d'émotions, cher-

chait moins les consolations que les occasions
de sacrifice. En même temps, son intelligence
s'élevait, acquérait plus de force et de péné-
tration, si bien que, malgré le peu de travail
que lui permettait sa santé, il obtenait la
meilleure note qu'il fût alors d'usage de donner comme résultat général de fin d'études.

« Evidemment, tout était bien préparé pour
que, au soir de son ordination, l'on pût lui
appliquer la parole par laquelle Notre-Seigneur prouvait aux habitants de Nazareth,
la vérité de sa mission : « L'Esprit de Dieu
« est en moi ; c'est pourquoi le Seigneur
« m'a marqué de l'onction sainte, et il m'en-
« voie pour instruire et consoler. »

CHAPITRE III

LE JEUNE VICAIRE

C E fut le 7 juin 1873 que l'abbé Buathier fut
ordonné prêtre. Nous n'essayerons pas
de dire quelle fut son émotion, quand
ses doigts, qui devaient toucher l'Hostie,
furent consacrés par les onctions qu'y traça les
mains de l'Evêque, ou lorsque, à l'autel, se
pressant autour du Prélat avec ses jeunes compagnons de sacerdoce, il dut, pour la première fois, prononcer, épeler avec lui les
paroles des saints mystères. Au sortir de
cette émouvante cérémonie, sa figure était
pâle, mais radieuse. Les premières personnes qu'il rencontra furent son père et sa mère,

6

qui se jetèrent à ses pieds pour être bénis.

La veille encore, le vénérable M. Buathier, écrivant à son fils, lui disait avec cette solennité pieuse et patriarcale où il savait mettre une si profonde tendresse : « Très cher enfant, que le Seigneur te conserve et te bénisse ; qu'il tourne sa face vers toi ; qu'il soit toujours en toi ; que son Saint-Esprit t'accompagne partout, comme il accompagna ses Apôtres ; que le Seigneur te fasse miséricorde et te donne la paix ; que le Seigneur te donne sa sainte bénédiction ! *Amen.* »

Et maintenant qu'il était prêtre, c'était lui qui bénissait. Leurs vœux étaient comblés, l'œuvre de leur vie, heureusement achevée ; ils avaient donné à Dieu un prêtre selon son cœur et ils recevaient la première bénédiction tombée de sa main, toute humide encore de l'huile sainte. Ils ne lui parlèrent presque jamais plus qu'en lui disant *vous*, pénétrés de respect à cette pensée qu'ils s'adressaient à un prêtre.

L'abbé Buathier resta quelques jours encore dans la paix et le recueillement du

Grand Séminaire, le cœur débordant de reconnaissance pour l'immense bienfait qui venait de couronner sa jeunesse cléricale, l'âme pleine d'une joie grave, mêlée de quelques préoccupations pour les fonctions qu'il accomplissait chaque matin à l'autel. A la seconde messe qu'il célébra, c'était à la chapelle de Notre-Dame des Sept-Douleurs, une chapelle aimée où il était venu prier bien souvent, un ami qui l'assistait lut dans ses yeux un sentiment d'effroi immédiatement après la communion : le calice n'avait pas été placé juste à l'endroit où il devait être ; ce léger manquement avait jeté le trouble dans l'âme timorée du jeune prêtre, et, après la messe, il en parlait encore avec une vive inquiétude.

Peu à peu cependant cette tendance au scrupule tomba, et il ne resta qu'une extrême délicatesse de conscience en tout ce qui touchait au Saint-Sacrifice. Il devait garder jusqu'à la fin de sa vie la ferveur de ses premiers jours de sacerdoce. De l'abbé Buathier à l'autel on pouvait répéter ce qui fut dit si souvent de saint Vincent de Paul, au rapport de ses historiens : « Mon Dieu, que voilà un prêtre qui dit bien sa messe ! Il semble que c'est un ange ». L'air pénétré de son maintien, la piété de son regard attaché sur l'hostie, le ton de sa voix, tout vous saisissait. Chaque mot de la sainte liturgie était senti, savouré pour ainsi dire, et prononcé avec un accent où l'on remarquait une âme toute vibrante d'amour. En un mot, la vue seule de ce jeune prêtre à l'autel impressionnait les assistants et ramenait au cœur des plus indifférents quelques sentiments de foi.

En quittant son cher Séminaire de Brou, le 4 juillet 1873, l'abbé Buathier emportait sa nomination au vicariat de la petite paroisse de Thoissey. Il se rendit presque directement à son poste ; il y trouvait une belle église neuve, un vieux Collège plein de souvenirs et où il comptait quelques amis, une ville aux maisons proprettes, non loin des bords de la Saône, un coin tranquille enfin, si la tranquillité était de ce monde. Le curé de Thoissey, M. Pascal, ancien principal du Collège, était un esprit cultivé, un homme d'une rare énergie de volonté, d'une vertu et d'un zèle à toute épreuve, d'une activité infatigable, à laquelle ne suffisait point l'administration d'une paroisse comme celle-là, et qui, se serait certainement passé de vicaire s'il n'avait fallu pourvoir à différents services. Au reste, on envoyait là l'abbé Buathier, précisément parce qu'il avait besoin de repos, et il n'y avait nulle apparence qu'il dût jamais être, pour un curé aussi actif, un collaborateur de quelque utilité.

Jeune d'allure et de visage, petit de taille, l'air souffrant, son arrivée à Thoissey fit naître un sentiment mêlé de sympathie et d'inquiétude. On se demandait de quel secours pourrait être, pour la paroisse, un prêtre de si chétive apparence. Le dimanche suivant, il monta en chaire, et ses auditeurs furent conquis ; tout le monde avait reconnu un talent supérieur, au service d'une âme de prêtre. Ce n'était plus un malade, un pauvre séminariste épuisé, presque un enfant : c'était une flamme brûlante d'amour de Dieu et des âmes.

Naturellement la jeunesse s'attacha à lui la première. Cette parole brillante et vive la faisait tressaillir, cette bonté d'âme l'attirait. « Nous allions le voir autant et même plus que la discrétion ne le permettait, écrit un de ces jeunes gens qui s'étaient donnés à lui dès le premier jour. Son accueil était tout de cœur ; il s'intéressait à nos plaisirs, à nos délassements, à nos promenades et les partageait même quelquefois, lorsque les devoirs de son ministère ne le retenaient pas. Mais au milieu de cette joie franche et cordiale, dont il prenait sa part, il avait toujours un mot qui nous élevait au-dessus du terre à terre et qui trahissait en lui l'homme de foi, supérieur aux choses de ce monde. »

Tel il se montra en particulier avec le jeune Vilfrid de Virieu, auquel il fut prié de donner des leçons pendant les vacances. A vrai dire, le professeur ne paraissait guère plus âgé que l'élève, et il n'avait pas moins de candeur dans l'âme. Ce fut à l'occasion de ces leçons que l'abbé Buathier vit de près la tante de Vilfrid, la comtesse Sabine de Valins, que Dieu destinait à périr vingt-cinq ans après dans l'incendie du Bazar de la Charité, nature énergique, à ce moment déjà toute vibrante de foi et de générosité chrétienne. Quelque passagères qu'eussent été ses relations avec une âme de cette trempe, l'abbé Buathier en garda pieusement jusqu'à la fin de sa vie le fortifiant souvenir.

Mais les préférences du jeune prêtre l'attiraient dans la maison de la douleur. Le divin Maître qui, avec la délicatesse infinie de son cœur, a voulu posséder jusqu'à la perfection la science de l'infirmité humaine *sciens infirmitatem*, afin de la mieux consoler, a laissé à ses prêtres. comme une des meilleures parts de son héritage sacerdotal, la mission d'approcher des malades, de relever leur courage abattu et d'adoucir, sinon leurs souffrances physiques, au moins l'amertume de leur cœur. Au misérable étendu sur son lit de douleur, la visite du prêtre apporte, avec la pensée du Sauveur Jésus, la meilleure et la plus efficace des consolations. Affecté dès le principe· au service de l'hôpital de

Thoissey, l'abbé Buathier remercia Dieu de cette part de choix que lui faisait la Providence et se dévoua à cet humble ministère avec autant de zèle que de bonheur. Chaque jour il disait la messe dans la chapelle de l'hôpital, qui lui devenait de plus en plus chère, à mesure qu'il y offrait plus souvent le sacrifice du Corps et du Sang de Jésus. Puis, l'après-midi, il revenait faire sa visite aux malades ; c'était la joie et comme le sourire du bon Dieu qui entrait avec lui dans les salles. En voyant cette douce et aimable figure du jeune prêtre, les visages s'épanouissaient d'eux-mêmes ; il avait pour tous une parole gracieuse, un mot de cœur et de foi, souvent des friandises ou même des générosités qui semblaient parfois excessives, car déjà on voyait s'accuser cette tendance de sa nature, ce défaut, si l'on veut, défaut peu banal d'ailleurs, de donner sans compter, de donner autant et même quelquefois plus qu'il ne possédait.

Les plus malades avaient ses plus affectueuses visites ; il excellait à les préparer à mourir et il ne se mettait point en peine si la maladie était contagieuse ou non. Son insouciance et son mépris du danger étaient tels, que plus d'une fois la Supérieure dut lui faire de sérieuses remontrances pour lui apprendre à être plus prudent : « Et, ajoute le témoin qui nous raconte ce détail, ce sont peut-être les seules leçons qu'il n'ait pas retenues. »

La direction commençait à prendre le meilleur de son temps et de sa pensée. Au premier contact qu'il avait eu avec les âmes, il avait compris ce qu'il y a de douceur et de bienfaisante efficacité dans cette partie du ministère sacerdotal, et ce qu'elle demande de gravité et de sérieuse préparation. Mettre les pauvres âmes sur le rude chemin du ciel et les accompagner, voir de près les difficultés où elles se débattent pour les aider à en sortir, les blessures qu'elles reçoivent pour les panser et les guérir, secouer leur torpeur, leur faire entendre à toutes les appels de la miséricorde divine, montrer à chacune le degré de perfection et la forme de sainteté qu'elle doit atteindre, l'y pousser sans relâche, soutenir ses défaillances et combattre ses défauts, lui indiquer les voies à suivre et les dangers à éviter, entretenir enfin et développer en elle ces habitudes de prière et d'union intime à Jésus, qui constituent la vie intérieure, voilà l'étonnante et sublime mission dévolue au prêtre. Quel fond de doctrine, quel sens des choses de la foi, quelle sûreté de jugement n'y faut-il pas ! Et en même temps quelle sainteté et quel dévouement !

Dès les premières confessions qu'il entendit, l'abbé Buathier s'aperçut qu'il s'imposait à lui un travail d'autant plus sérieux que la matière était plus importante et plus délicate. La théologie de son Grand Séminaire ne lui suffisait plus ; il lui fallait étudier la spiritualité. Il revint à son auteur préféré, Bossuet, et se mit à lire ses *Lettres de direction*. Les lettres à Mme Cornuau surtout le ravissaient. « Ce qui me semble dominer dans ces lettres, dit-il quelque part, et ce que j'admire, c'est la grande raison, le souverain bon sens, que Bossuet met au service de sa piété et de sa foi. » Il est permis de croire que si ce jeune prêtre parvint en quelques années à être un directeur si apprécié, il le dut en partie au commerce habituel de sa pensée avec celle de cet incomparable meneur d'âmes qu'était Bossuet.

Après les *Lettres*, il lit les *Sermons* qu'il annote soigneusement ; il étudie S. François de Sales ; puis il passe aux prédicateurs contemporains, le Père Lacordaire, le Père Félix, Mgr Pie et Mgr Gay ; sa lecture est un vrai travail, il analyse, il apprécie, il prend note des passages qui l'ont frappé ; il s'enfonce dans cette étude avec toute l'énergie de sa nature et de sa vertu. Au dehors, le prestige dont il jouit, l'universelle sympathie qui s'attache à sa personne et à ses œuvres, lui créent des ennuis et l'embarrassent lui-même ; du moins, dans sa chambre de vicaire, il peut travailler et prier à son aise ; il essaie, autant que le permet le devoir, de s'y faire une solitude. Seul à seul avec les grandes âmes de la foi chrétienne, il s'assimile leurs pensées, il ouvre son cœur aux généreux sentiments qui ont fait battre le leur. Et enfin convaincu qu'avec toutes les bénédictions qui peuvent faire porter à son ministère des fleurs et des fruits de salut, le prêtre manque à son caractère et à son devoir, s'il n'est un saint lui-même, il se donne de plus en plus à Jésus, dans la pratique de l'oraison et des vertus intérieures. Les quelques années qu'il passe à Thoissey sont des années fécondes, et le Sacré Cœur le prépare de loin aux œuvres qu'il attend de lui.

Le 23 février 1877, l'abbé Buathier fut nommé vicaire de Bourg. Sa santé étant raffermie, il pouvait aborder un ministère plus laborieux que celui de Thoissey. D'autre part la Providence lui ménageait, à ce nouveau poste, ces joies intimes de la famille, dont il savait apprécier toute la douceur. Ses parents, en effet, venaient de se retirer à Bourg. Après une longue carrière, fournie dans l'enseignement, et où il avait eu le bonheur de faire beaucoup de bien, son vénérable père s'était décidé à demander sa retraite, d'autant plus qu'un accident le privait depuis quelque temps du précieux concours que lui avait toujours donné la compagne de sa vie. Un jour, en jouant avec les enfants de l'école de Biziat, Mme Buathier était tombée et s'était démis la jambe ; en dépit d'une opération très douloureuse, elle était restée infirme et devait l'être toute sa vie, mais sans se départir jamais de son inaltérable patience ; soumise à cette épreuve si mortifiante de l'inaction et de l'impuissance, elle garda jusqu'au bout le charme de son sourire et l'exquise douceur de sa parole. Le jeune vicaire de Bourg se promettait bien de venir souvent, aux heures de lassitude, respirer l'atmosphère bénie du foyer domestique.

Du reste, le presbytère lui fut une seconde famille. Le curé de Bourg, le vénérable M. Berry, joignait la bonté indulgente du vieillard à cette sagesse éclairée que la longue pratique des âmes et l'expérience des choses donnent au prêtre mûri dans les labeurs de la vie sacerdotale. Modeste et porté de préférence aux vertus simples et cachées, atteint d'ailleurs dans ses forces physiques, il savait s'effacer lui-même et mettre en exercice le zèle, l'activité, l'éloquence de ses jeunes vicaires. Quant à ceux-ci, tous à peu près du même âge, vivant dans une charmante cordialité, ils se partageaient pour ainsi dire les travaux du ministère, suivant les goûts et les aptitudes de chacun. L'un se plaisait à organiser des œuvres, sous la direction toujours prudente et sage du curé, et à leur créer des ressources, d'autres s'occupaient des associations pieuses ou charitables de la paroisse et y entretenaient la flamme de l'amour divin. La tendance mystique de l'abbé Buathier, son esprit si profondément intérieur, les habitudes et les goûts qu'il avait pris à Thoissey, le ramenaient à la direction des âmes.

Il en sentait la suprême importance ; pour lui, comme pour tout prêtre appelé à l'honneur de l'apostolat, c'était l'art des arts : *Ars artium regimen animarum.* Il aimait à descendre aux plus intimes profondeurs des âmes, à ce point où Jésus habite, attendant d'être vraiment et sérieusement aimé, d'établir avec nous les relations exquises de la vie intérieure, de susciter en nous les ardeurs de la charité et les vertus héroïques qu'elle inspire. Il apportait dans ce ministère toutes les qualités requises de science, de zèle et de jugement. La science, il l'avait puisée surtout dans l'étude de l'Écriture Sainte, si capable, au rapport de saint Paul, d'instruire et de corriger l'homme et de l'amener à la perfection des enfants de Dieu ; ses connaissances de spiritualité formaient un heureux mélange, où s'alliaient admirablement la force et la vigueur de Bossuet et la douceur de saint François de Sales. Même dans celles de ses décisions qui semblaient les plus improvisées, l'autorité des maîtres jetait des idées doctrinales à travers ses inspirations personnelles et il n'avait garde de s'en tenir aux lumières de son jugement propre, en matière si délicate et si difficile.

Aussi demandait-il à la prière en même temps qu'à l'étude, le secours de Dieu, plus indispensable dans ces fonctions que nulle part ailleurs. Il est dans l'église de Bourg,

au fond de la nef latérale, à droite du chœur,
une délicieuse chapelle de la Vierge, dont les
sculptures et les ornements gothiques jettent
une note gracieuse à travers la gravité un
peu austère de l'édifice; la piété des fidèles
y vénère une antique Madone, aux pieds de
laquelle des milliers de grâces ont été obte-
nues. Dans l'église, c'était le coin préféré de
l'abbé Buathier; on l'y voyait chaque jour,
vers le soir, les yeux sur la douce image de
Marie, le cœur perdu dans la prière, parlant
à notre auguste Mère du Ciel, de lui, de
tous ceux qui lui étaient chers, et surtout
des âmes qu'il avait à diriger. Il en sortait
avec un nouvel amour pour elles ; car au lieu
de ce sentiment banal de sympathie, qui est
si naturel à quiconque a reçu la confiance
d'autrui, il consacrait aux âmes dont il était
chargé un dévouement inspiré par la foi et
puisé aux sources profondes du Cœur de Jésus.

Chacune d'elles recevait le traitement qui
lui convenait : aux natures molles et effémi-
nées il rappelait les souffrances du Sauveur
et les violences qu'il faut se faire pour aller

au Ciel, aux ardentes, il prêchait la douceur
et l'humilité. Et ce ne sont là que deux traits
généraux dans l'infinie variété des âmes. Il
y a parmi elles en effet pour le moins autant
de différences de tempérament, de physionomie, d'aptitudes, de vigueur, de santé, mais
aussi hélas ! de besoins et de maladies, que
nous en voyons dans le monde des corps.
Heureux le prêtre qui a le discernement de
toutes ces nuances, et qui, avec la connaissance des voies de Dieu, possède un jugement sûr et éclairé, pour exercer ce fécond
mais difficile ministère. C'est une fleur si
délicate qu'une âme ! Il n'y faut toucher
qu'avec une sorte de pudeur, une réserve intelligente et sainte, mais aussi avec cette fermeté sans laquelle les dévouements les plus
affectueux ne sont que faiblesse et trahison.

L'abbé Buathier saisissait d'un coup d'œil
la situation d'une âme, ses souffrances intimes et ses faiblesses, mais aussi ses énergies
cachées et le parti qu'on devait en tirer pour
la gloire de Dieu. Et il ne s'attardait pas à
une stérile pitié en face des gémissements

7

et des plaintes qu'il entendait. A ceux qu'il voyait dans la peine, il avait toujours un *Sursùm corda* à dire, un idéal de vertu aimable et douce au milieu de la douleur, à proposer et à faire accepter. Plein de vigueur dans son initiative, il allait toujours de l'avant au nom de Dieu, et il savait entraîner les autres à sa suite. C'est là, chez celui qui est chargé de diriger les âmes, le premier principe de la science spirituelle, ne point les laisser au terre à terre de leurs pensées naturelles, de leurs fautes journalières toujours détestées et pardonnées au tribunal de la pénitence et renouvelées aussitôt dans la pratique de la vie, mais de les élever au-dessus d'elles-mêmes, de faire naître et de développer en elles de grands désirs et de grandes espérances, de les soutenir enfin dans leur vol, non pas par un coup d'aile donné en passant, mais par une action continue où elles sentent l'empire d'une volonté douce et forte en même temps.

Les conseils de l'abbé Buathier témoignaient en toute circonstance de la même décision de volonté et de la même élévation d'esprit, et ils transportaient toujours dans un monde supérieur ceux auxquels ils s'adressaient. Que de pauvres cœurs en détresse en ont profité ! Que de consciences réveillées, ressuscitées dans ce confessionnal où il passait la moitié de ses journées ! Que de semences pieuses jetées dans les âmes, et qui précieusement conservées, ont germé depuis lors en fortes et généreuses vertus ! Par ses écrits, l'abbé Buathier devait faire un jour un bien plus étendu ; mais il n'en fit jamais de plus réel et de plus profond que par sa direction. De lui aussi, comme de certains autres, on pourrait publier des lettres spirituelles où la sûreté de la doctrine, la beauté et la justesse des aperçus ne seraient pas jugées inférieures à l'éclat du style. Et peut-être serait-il à propos de continuer ainsi l'action si éminemment surnaturelle et bienfaisante qu'il exerça au confessionnal.

A Bourg, plus encore qu'à Thoissey, le souci des malades absorba son temps et sa pensée. Les vieillards pauvres et infirmes surtout s'attachaient à lui. Etait-ce le charme d'enfance qui rayonnait sur sa juvénile figure, en s'alliant du reste harmonieusement à la gravité sérieuse du caractère sacerdotal ? Etait-ce la grâce souriante avec laquelle il leur disait : *Père,* en les abordant ? Ou encore le secret de sa charité toujours inépuisable ? Quoi qu'il en soit, les vieillards le demandaient, lui personnellement, lorsqu'ils étaient malades. Il avait une façon de leur parler, tendre et affectueuse, qui les remuait jusqu'au fond des entrailles.

Un jour, un pauvre vieux qui allait mourir le fait appeler ; or, fâcheuse coïncidence, l'abbé Buathier venait de se faire une entorse dont il souffrait beaucoup. Le malade insiste quand même. Que faire ? Le jeune vicaire met des chaussons ; et se traînant comme il peut, s'appuyant sur une canne, il traverse les rues de Bourg, monte à la pauvre mansarde du vieillard, le confesse et le laisse, la paix et la joie au cœur, en lui promettant de lui apporter lui-même le Saint Viatique. Le lendemain matin, en effet, aguerri par sa sortie de la veille, heureux de porter Notre-Seigneur à un malheureux qui implore sa visite, il recommence le même trajet, toujours en chaussons, et rentre enfin à la cure, tout souriant d'avoir accompli cet acte de charité et joué un bon tour au médecin qui lui avait tant prescrit le repos !

Une autre fois c'est une pauvre vieille femme qui a demandé le secours de son ministère ; c'est le matin, en plein hiver, il fait froid dans la chambre de la malade. Un petit fagot de bois est là, dans un coin, l'abbé Buathier le casse, il allume le feu et fait chauffer un peu d'eau sur le fourneau. A ce moment entre une sœur garde-malade. « Que faites-vous donc, Monsieur l'abbé, lui dit-elle. — Vous le voyez, ma bonne sœur ; je prépare une infusion à la pauvre vieille. Et Dieu sait si elle a besoin de prendre quelque chose de chaud ! »

On pourrait citer une multitude de traits du même genre ; ils fourmillent dans sa vie de vicaire, où il visita tant de malades. « J'en

suis à mon vingt-cinquième aujourd'hui »,
disait-il un jour. Et que de fois ce chiffre
fut-il atteint ou même dépassé ! Quel qu'en
fût le nombre d'ailleurs, il n'oubliait personne, et quand une fois il était chargé d'un
malade, on pouvait être sûr qu'il le suivrait
de près et le préparerait à bien mourir.

Le dévouement affectueux que l'abbé
Buathier donnait aux malades et aux vieillards, n'était qu'une des formes de sa charité
sacerdotale, de ce zèle du bon prêtre, aussi
varié dans ses œuvres que le sont, hélas !
les infirmités morales à secourir. Il ne portait pas moins d'intérêt aux enfants de son
catéchisme. Quelques-uns lui arrivaient
absolument ignorants ; aucune idée supra-
sensible, aucune notion, même lointaine, des
choses de l'âme. Et il avait, en l'espace de
moins de deux ans, à les préparer à leur
première communion, et à leur apprendre
cette science sublime de la religion que l'on
n'étudie malheureusemrnt qu'à ce moment-
là et dont si peu d'hommes consentent à
s'occuper plus tard ! Au catéchisme, comme

ailleurs, ce charme de sympathie qu'il savait
inspirer lui fut très utile. La bonté de sa
parole et la douceur de sa physionomie toujours souriante lui avaient bientôt gagné le
petit peuple remuant et volage qui se pressait sur les bancs devant lui ; une fois maître
de leur cœur, il faisait d'eux ce qu'il voulait;
ils étaient bien rares, ceux qui ne savaient
pas à la lettre la leçon qu'ils avaient eu à
apprendre. Mais l'abbé Buathier ne pouvait
se contenter de ce résultat, il aurait voulu
qu'ils comprissent tous parfaitement cette
doctrine catholique, si belle et si simple tout
à la fois, qu'ils en fussent pénétrés pour toujours, et il expliquait sans cesse le texte du
catéchisme, essayant d'en extraire tout le suc
pieux, pour nourrir des pensées de la foi les
chères âmes qui lui étaient confiées.

Dirons-nous qu'il réussit toujours, qu'il
eut le bonheur de goûter, dans ce ministère
aussi difficile qu'important, toutes les consolations qu'il pouvait désirer ? C'eût été une
récompense qui n'est jamais accordée, dans
cette étendue, au zèle même le meilleur. Il

souffrit plus d'une fois de constater qu'il n'avait pas été compris des enfants, qu'il ne leur restait plus rien le lendemain de ce qu'il leur avait longuement expliqué la veille, non sans y laisser sa voix et ses poumons. Aussi, dès la première année, quand la première communion fut faite, accueillit-il avec bonheur l'offre du vénérable M. Berry, qui lui proposait un catéchisme de persévérance à faire tous les dimanches. Là, du moins, avec cette jeunesse de quinze ou seize ans, déjà initiée aux premiers éléments de la foi, il pouvait entrer plus avant dans la doctrine et dire des choses qui seraient entendues et qui resteraient. Une fois le cours ouvert, il n'y eut personne parmi ses élèves pour l'abandonner. On s'y rendait avec joie, on en revenait toujours plus éclairé et meilleur. Le catéchiste exigeait que l'on prît des notes, il voyait chaque mois les cahiers de rédaction et les rendait avec ses remarques.

Nous avons de ces cahiers sous les yeux ; l'enseignement y est substantiel et précis ; toutefois on y trouve autre chose qu'un froid résumé ; le jeune prêtre a laissé parler son âme, et les enfants qui l'écoutaient ont pieusement recueilli ses paroles. Ainsi, à propos des sacrements, il s'est attaché surtout à l'étude de l'Eucharistie. Après avoir dit que Jésus demeure d'une manière permanente dans l'hostie, tout d'un coup il s'écrie : « Que fait Notre-Seigneur dans la sainte Eucharistie, pendant les heures silencieuses du jour et de la nuit ? Que fait-il, dans nos églises des villes, où la foule qui s'agite dans les rues ne consacre jamais un quart d'heure à visiter le Sauveur qui se cache ? Que fait-il dans ces églises de campagne, où depuis la fin de la messe jusqu'au retour de l'aurore, le sanctuaire est muet et désert comme le fond des grands bois ?

« Ce qu'il fait ?... Il accomplit sa double mission : il glorifie son Père dans le ciel, il intercède pour nous. Il glorifie son Père en l'adorant par ses anéantissements ; il prie pour expier nos péchés. Il supplie pour faire descendre en nous les grâces du ciel. Il remercie pour toutes celles qui inondent l'univers.

« Glorieux à Dieu, ce silence est utile à l'homme, qui vient recueillir les oracles du Sauveur, lui exposer sa misère et implorer les grâces dont il a besoin. Le linceul eucharistique a beau cacher le Sauveur ; l'âme en adoration perce ce tombeau du tabernacle et ces frêles espèces, suaire mystérieux qui voilent la Victime ; elle le voit vivant, plein d'amour, et répandant toutes les richesses de sa miséricorde. »

Plus loin, l'auteur étudie le culte et la dévotion à la Présence réelle ; c'est un culte d'adoration. L'Eglise prodigue autour de l'Hostie, l'or, l'argent, les étoffes précieuses ; une lampe brille au sanctuaire, symbole des sentiments des âmes fidèles, sa flamme l'épuise, elle se consume pour adorer le Sauveur, qu'elle honore de sa lumière. Puis on passe à la visite du Saint-Sacrement, à l'exposition et à la bénédiction, et enfin on arrive au triomphe de Notre-Seigneur présent dans l'Eucharistie, à la Fête-Dieu. Vers l'an 1208 une pieuse fille, Julienne, prieure d'un monastère de Liège, reçoit du ciel la première idée de l'établissement de cette fête ; mais ce n'est que vingt ans plus tard que l'on célèbre dans ce diocèse l'office du Saint-Sacrement. Urbain IV, ancien archidiacre de Liège, étendit la fête à toute l'Eglise, en lui donnant la solennité des fêtes de premier ordre. « Il avait invité saint Thomas d'Aquin à composer l'office du saint-Sacrement. Ce grand Saint, qui avait si bien écrit sur Jésus-Christ et sur l'excellence de la vie eucharistique, se surpassa lui-même. Cet office est regardé comme le plus régulier et le plus beau des offices latins. Poésie pleine de pensée et de sentiment, rapport des figures de l'Ancien Testament et de la nouvelle Loi, tout y est admirable. Le même homme, le même Saint eut ainsi l'honneur insigne d'enseigner et de faire chanter les merveilles eucharistiques.

« Aujourd'hui, dans tout l'univers catholique, le Corps de N.-S. Jésus-Christ est porté en triomphe. Dans les villes, les rues sont pavoisées, les maisons ornées comme pour la réception d'un souverain. Dans les campagnes, la nature elle-même s'associe à ce beau jour de fête ; la paquerette refleurit au bord du chemin, le brin d'herbe verdit sous la goutte de rosée, l'épi mûrissant incline sa tête devant Celui qui le fit naître. Qu'il est simple et touchant le cortège du Sauveur ! d'innocents petits enfants, des hommes dont le front hâlé se découvre devant le Dieu de l'Eucharistie, des vieillards aux cheveux blanchis par les années et les peines forment une pieuse escorte à leur Dieu. Ils lui offrent tout bas leurs vœux et leurs hommages, et comme d'un commun accord ils unissent leurs prières pour ceux qui ignorent les cérémonies consolantes de notre sainte religion. »

Ce n'était pas seulement au catéchisme que l'abbé Buathier consacrait son temps et ses forces à la jeunesse. Tous les dimanches, vers quatre heures, il traversait de son pas pressé un des faubourgs de la ville ; en route il était rejoint par de petites bandes d'adolescents, avec lesquels il causait familièrement : on arrivait presque en pleine campagne, à un petit enclos, avec une maison de pauvre apparence à côté de l'entrée. C'était le patronage. Il y avait fort peu de temps qu'il était fondé ; à Bourg comme dans mainte autre paroisse, on avait jusque là négligé les œuvres de jeunes gens et d'hommes, et l'on s'apercevait enfin qu'il fallait s'en occuper sérieusement, si l'on ne voulait voir le gouffre d'indifférence et de défiance haineuse à l'égard du clergé dévorer ce qui s'était conservé de fidèle aux croyances et aux pratiques chrétiennes dans les masses ouvrières. On avait créé simultanément un Cercle catholique pour les jeunes gens et les hommes et un Patronage pour les adolescents.

Au Patronage, la réunion commençait par le chant des vêpres, puis la bande joyeuse se répandait dans les salles ou sous le préau et commençait des jeux divers, toujours bruyants et animés. Le directeur allait de l'un à l'autre, se mêlant parfois aux amusements et surveillant tout. Chaque mois, il y avait une loterie à organiser pour récompenser l'assiduité des membres ; l'heure du tirage était toujours impatiemment attendue. Ou bien encore il fallait exercer, et avec quelle patience ! une troupe novice, pour les deux représentations que le Patronage offrait chaque année aux Dames patronesses. La prière en commun à la chapelle terminait la réunion ; et le pauvre directeur, assourdi par le bruit autant que harassé de fatigue, s'en allait passer un moment au foyer paternel, pour se délasser des peines physiques et des préoccupations morales de la journée..

La direction du Patronage était une lourde charge pour sa santé ; mais outre la joie d'avoir répondu à la confiance des parents, qui savaient leurs enfants en sûreté, à l'abri de tout danger de l'âme et du corps, quand ils étaient entre ses mains, il se disait qu'il faisait l'œuvre de Dieu. Chargé de ces chers petits, au moment le plus périlleux de leur existence, à cette époque de transition où l'enfant devient adolescent, et où touchant aux premières heures de la jeunesse, il en rencontre aussi les premières séductions, il assurait autant qu'il était en lui, la préservation et le salut de ces jeunes âmes bien-aimées. Sans doute, il s'aperçut plus d'une fois que ce qu'il avait essayé de faire le dimanche précédent avait été défait dans le cours de la semaine, que l'influence du voisinage, de l'atelier, d'une mauvaise compagnie, avait causé des ruines et des vides autour de lui ; mais il n'était pas de ceux qui se découragent facilement, et la vue du mal qu'il apercevait parfois ici ou là, dans le jeune troupeau confié à sa garde, était pour lui une raison de plus de se dévouer corps et âme à la chère œuvre. Somme toute, la plus vive sympathie unissait les enfants du Patronage à leur directeur ; ils voyaient le prêtre de près, ils l'aimaient. Plus tard ils seraient défendus par leurs propres souvenirs contre ces sentiments de défiance et d'hostilité, dont le prêtre est l'objet et qui paralysent si souvent son zèle.

Quant au directeur du Patronage, il affectionnait ses enfants, lui aussi, on n'aime bien que ce pour quoi l'on a souffert, et il le leur prouvait par sa patience, cette forme de l'amour, la plus délicate et la plus sûre. « Dieu n'a pas permis, a dit le P. Lacordaire, qu'on pût faire un bien moral à l'homme autrement qu'en l'aimant. » L'abbé Buathier à l'amour ajoutait la prière ; Notre-Seigneur bénissait visiblement ses efforts, l'œuvre prospérait : au lieu de vingt enfants qu'il avait trouvés au début, il en eut bientôt quatre-vingts.

Toutefois le chiffre baissait sensiblement quand la belle saison approchait. Un certain nombre de ces enfants s'en allaient en qualité de bergers au service d'un maître dans les campagnes environnantes, et ces éloignements qui duraient plusieurs mois n'étaient pas sans inquiéter leur directeur Qu'allaient devenir ces pauvres âmes, si frêles encore et souvent si exposées ? Se souviendraient-elles des enseignements et des bons exemples du Patronage, des conseils donnés au moment du départ ? Écouteraient-elles la voix du curé de la paroisse, auquel leur directeur ne manquait jamais de les recommander ? Puis surtout l'été une fois écoulé, reviendraient-elles ? Il n'était pas sans appréhensions.

Or, sitôt qu'arrivait l'automne, les chers petits dispersés rentraient au bercail, reprenant avec bonheur le chemin du Patronage, abordant leur aumônier avec un air heureux, lui rendant compte de l'emploi de leur temps, de leurs diverses aventures et même de leurs sottises. Une bonne confession générale passait l'éponge de la miséricorde divine sur toutes les misères de la saison, et le Patronage reprenait sa vie joyeuse et bruyante comme cinq mois auparavant.

Au milieu de ces travaux et d'autres encore qui absorbaient son activité extérieure, le jeune prêtre nourrissait au fond de l'âme un projet aimé, dont la première idée remontait au jour même où il avait reçu le sacerdoce. Ce jour-là, en effet, il avait promis à Dieu de ne jamais perdre de vue la perfection de son état et d'arriver par tous les moyens possibles à l'obtenir. La vie religieuse l'avait toujours attiré ; mais, d'une part, ses parents pauvres, âgés, infirmes, avaient besoin de lui ; de l'autre, sa santé si frêle exigeait des ménagements incompatibles avec les austérités du couvent. Fallait-il donc renoncer à la douce et réconfortante espérance et se résigner à vivre, pour l'heure, dans le surmenage d'un écrasant ministère extérieur, et bientôt peut-être dans l'isolement d'un pauvre presbytère de campagne, où il n'aurait plus assez à faire ?

Après avoir longtemps réfléchi, plusieurs fois consulté et beaucoup prié, l'abbé Buathier pensa qu'il ne pouvait mieux concilier les aspirations de son âme avec les exigences de sa situation, qu'en demandant à entrer à l'Oratoire. La règle de cette Congrégation n'impose ni vœux ni mortifications extraordinaires. C'est une simple réunion de prêtres soucieux d'arriver à la perfection sacerdotale et qui font profession d'honorer très spécialement Notre-Seigneur-Jésus-Christ, en tant qu'il est le Prêtre éternel, l'auteur même et l'instituteur de la prêtrise, et sa sainte Mère Marie, comme ayant eu une part directe au

sacerdoce de son Fils et à son double état de
sacrificateur et de victime. La pratique essentielle de cet Ordre purement sacerdotal est
l'oraison, qui est en effet pour le prêtre le
moyen de sanctification le plus efficace et la
source des bénédictions accordées à son ministère. L'Oratoire ouvre ses rangs à toutes
les aptitudes, la science ecclésiastique surtout y est en honneur ; la charité seule unit
ses membres les uns aux autres pour en former une même famille.

Le souvenir des Philippe de Néri, des
Bérulle, des Condren et de tant d'âmes sacerdotales formées par eux, attirait l'abbé
Buathier à l'Oratoire ; il y était poussé d'ailleurs par ses plus intimes amis, qui sachant
qu'il pourrait être un jour, non seulement
un directeur spirituel, mais un prédicateur
et un écrivain de premier ordre, ne voyaient
que dans une Congrégation religieuse le
digne emploi d'un talent aussi remarquable.

Ce fut le 15 août 1879, sous les auspices
de Marie-Immaculée, qu'il adressa sa demande à Mgr Marchal, évêque de Belley. Le

prélat avait la conviction que Notre-Seigneur rend toujours à un diocèse ce qui Lui est donné par les vocations religieuses. Volontiers il eût agréé la demande de l'abbé Buathier, bien qu'il lui en coûtât de laisser partir un sujet dont il connaissait la haute valeur ; mais son diocèse manquant de prêtres, il crut devoir ajourner sa décision. Quand plus tard, au mois de mars 1880, le jeune vicaire fit une instance, Mgr Marchal venait d'être nommé à l'archevêché de Bourges et il laissait à son successeur le soin de prendre des mesures dont les conséquences devaient rester à sa responsabilité. Nouvelle démarche auprès du nouvel évêque ; celui-ci à son tour demande un délai pour étudier lui-même la question et se prononcer personnellement. Puis, comme l'abbé Buathier insiste en objectant que, de l'avis des médecins, sa santé ne lui permet pas de rester plus longtemps vicaire de Bourg, on le nomme, à titre de repos et d'essai, curé d'une petite localité des environs, la paroisse de Buellas ; c'était le 6 août 1880.

Sa vie recevait ainsi brusquement une orientation à laquelle personne n'aurait pensé ; mais le Sacré Cœur a ses desseins, il sait ce qui nous est bon, et il réservait au jeune curé une mission bien courte, mais glorieuse et féconde.

Quant à lui, il ne vit pas sans un serrement de cœur s'éloigner l'idéal de vie intellectuelle et sacerdotale qu'il avait tant rêvé. Au fond de son âme sans doute restait le ferme espoir d'y revenir un jour, mais il ne lui fallait pas moins pour le moment agir contre ses sentiments les plus chers et les plus intimes. Il avait pensé vivre dans une société d'élite, s'occuper d'études, de direction, de ministère élevé, et ses supérieurs l'envoyaient dans un humble presbytère de campagne, au milieu d'esprits sans culture : il y vint dans la simplicité de son cœur, et comme il en avait fait la promesse solennelle à l'Evêque au jour de son sacerdoce, il obéit.

CHAPITRE IV

LE CURÉ DE BUELLAS

L E cardinal Lavigerie, nous raconte son historien, avait rêvé dans sa jeunesse d'être un jour curé de campagne ; et de tous les rêves qui pouvaient se faire sur son avenir, c'était bien le seul qui n'eût aucune chance de se réaliser. Il est à croire que l'abbé Buathier n'avait jamais caressé un rêve de ce genre ; sa nature à la fois si ardente et si délicate, son amour passionné des livres, l'élévation de son esprit, tout semblait l'appeler dans un autre milieu, et quand ses amis se demandaient à quel ministère il conviendrait d'employer tant d'heureuses qualités, ils aimaient à se le figurer dans un Ordre religieux, auprès d'un Lacordaire ou d'un Gratry, se vouant sous leur direction à la défense de la vérité ou à la direction de quelque grande œuvre catholique. De tous les ministères, celui de curé de campagne était le seul auquel on n'aurait pas pensé pour lui, et ce fut le seul qu'il exerça toute sa vie. Sitôt qu'il eut à le remplir, il se trouva prêt ; autant il se fût montré supérieur dans un poste élevé, avec des âmes d'élite à pousser vers les sommets de la perfection, autant il se sentit à l'aise dans ce petit coin du patrimoine du divin Maître, où ses Supérieurs l'avaient envoyé, heureux d'avoir quelques fidèles à nourrir du pain de la doctrine évangélique, heureux de n'en point trop avoir, puisque les sollicitudes et les angoisses de l'âme croissent avec les responsabilités et que c'est autour des plus grands troupeaux qu'il y a le plus de brebis égarées.

La première fois qu'il visita son église, la lampe du Saint-Sacrement était éteinte ; il la ralluma. La piété n'était plus guère qu'une flamme vacillante au cœur de ses paroissiens ; avec quelles instantes prières il demanda à Notre-Seigneur le bonheur de la rallumer de même ! Dès le premier coup d'œil, et malgré l'air de délabrement de l'ensemble, l'église lui plut ; le chœur qui datait du XIIe siècle était du plus pur roman ; huit grands arcs formaient comme une guirlande de pierre autour de l'autel ; sous ces arcatures, huit chapiteaux sculptés avec l'art naïf du moyen-âge, reposaient sur des colonnettes gracieuses, supportées elles-mêmes par un soubassement demi-circulaire. Seulement tout cela était noirci, dégradé et ruiné par la main du temps ; par une restauration intelligente il fallait y ramener la vie avec la lumière. Au-dessus du chœur s'élevait un joli clocher roman, avec une flèche élégante. Tout autour de l'église s'étendait le champ des morts ; quelques rares maisons formaient le village, et le reste était éparpillé dans les prés et dans les champs. Sur la colline voisine s'élevait le gracieux village de Montcet, où s'étaient écoulées les années de sa petite enfance.

Le presbytère avec ses vieux murs en torchis ne se distinguait guère des fermes d'alentour. Un léger enduit rafraîchit la maison ; dans la chambre de M. le Curé, quelques souvenirs furent accrochés à la muraille, souvenirs de piété ou d'affection, auxquels sa pensée aimait à s'arrêter ; les livres, déjà très nombreux, furent disposés dans la bibliothèque ; une chambre au rez-de-chaussée fut aménagée pour recevoir son père et sa mère, qui étaient venus partager sa solitude.

Dès le début, il voulut connaître chacune de ses ouailles personnellement, il commença la visite de la paroisse. Pendant quinze jours, il vint s'asseoir à tous les foyers, causant cordialement avec chacun, s'intéressant aux épreuves et aux joies de la famille, faisant réciter aux enfants leur prière, les bénissant et laissant tout le monde sous le charme de tant d'aimable simplicité. Il put bientôt faire de ses paroissiens tout ce qu'il voulut ; il régnait parmi eux un peu d'indifférence religieuse ; leur dernier curé était un bon et vénérable prêtre, dont l'âge et les infirmités avaient paralysé le ministère, durant les dernières années de sa vie. On vit renaître sous l'impulsion de l'abbé Buathier les habitudes religieuses d'autrefois ; plus de travail le dimanche, l'église pleine à tous les offices, la Communion à peu près générale à Pâques et très nombreuse aux trois plus grandes fêtes de l'année. Mais ce premier résultat ne suffisait pas au zèle du jeune curé ; à côté de la religion, il voulait la piété dans sa paroisse ; il savait qu'il y a, dans la vie des champs aussi bien qu'ailleurs, des âmes spécialement aimées du divin Maître, et qu'il appartient au prêtre de les découvrir et de les faire monter à la perfection à laquelle elles sont appelées ; il eut bientôt formé tout un petit groupe de personnes auxquelles il fit prendre l'habitude de la prière, de la visite au Saint-Sacrement et la pratique de la Communion fréquente.

Au presbytère, la vie lui était douce ; la présence de ses parents jetait dans chacune de ses journées les joies paisibles du foyer domestique, pendant que leurs prières, toujours ferventes, attiraient les bénédictions du Ciel sur son ministère ; chaque soir notamment, après le repas de famille, c'était entre eux trois de longues et intimes causeries, animées par sa parole ardente, par les sages réflexions du père et sur lesquelles la grâce souriante de la mère répandait un charme pieux. Dans la journée, le temps que ne réclamaient pas la visite des malades et les soucis divers de l'administration d'une paroisse, il le consacrait à l'étude de l'Ecriture Sainte ou des Pères, à une lecture sérieuse faite le crayon à la main. Car pour lui il n'y avait de vraie lecture que celle-là.

« Je regrette vivement, écrivait-il à une personne qu'il dirigeait, que vous n'ayez pour toute pâture intellectuelle que des romans. Cela ne compte vraiment pas ; vous pouvez peut-être y trouver une distraction, un passe-temps, mais non pas une instruction réelle, ni une force, ni même cette haute joie de l'esprit, qui ne se rencontre que dans des œuvres sérieuses. Pourquoi, par exemple, n'entreprendriez-vous pas la lecture suivie et *annotée* de tout le Père Monsabré ? Vous vous feriez à votre usage un cours complet de religion. A côté de cela, vous pourriez lire quelques biographies intéressantes, faire un peu d'histoire ou bien de la *vraie* littérature. Connaissez-vous un peu Pascal ? Et Bossuet ? Notre grand Bossuet ! que de jouissances vous trouveriez là ! c'est bien autre chose que les fadaises de tant de romans *même bons.*

« Quant à ceux qui sont impies ou immoraux, qui attaquent la religion, vous devez absolument et en conscience vous les interdire. Rien ne peut vous autoriser à les lire, et malgré votre éducation chrétienne, votre foi et vos habitudes religieuses, soyez sûre que de telles lectures vous feraient du mal, votre théologie n'est pas assez solide pour affronter les combats inutiles ; c'est assez des autres. »

Avec les livres, ce qui charmait sa solitude de Buellas, c'était la visite des amis, car il

en avait d'absolument dévoués, et ils aimaient
à venir souvent, attirés par le charme irré-
sistible qu'il exerçait sur ceux auxquels il
s'était livré une fois. Alors, le soir surtout,
dans l'intimité de sa chambre, on parlait de
Dieu, des grandes âmes que l'on connaissait,
des Saints aimés, des joies et des épreuves
de l'Eglise ; sur toutes les questions, il avait
des aperçus nouveaux, des réflexions personnelles aussi élevées que justes ; sa physionomie s'animait, la flamme brillait dans ses
yeux, sa parole étincelait, vive, imagée, pitto-
resque, il avait cessé de parler qu'on l'écou-
tait encore. « J'aime ces causeries d'âmes,
disait-il ; elles sont une des joies de la vie,
et je suis sûr que Notre-Seigneur les bénit ;
car il en est l'objet principal, le centre
adorable. »

L'existence qu'il menait à Buellas, entre
son église, ses parents, ses amis et ses livres,
ressemblait bien au bonheur, et ce bonheur,
l'abbé Buathier était tenté de se le reprocher.
Des visions de zèle et de dévouement sacerdotal passaient toujours devant ses yeux, et

les désirs de perfection personnelle hantaient de plus en plus sa pensée. La question de l'Oratoire se posait encore une fois dans son esprit, il fallut la résoudre définitivement. Il adressa donc une dernière demande à l'Évêque de Belley. Monseigneur lui répondit qu'il ne pouvait faire violence à des aspirations aussi légitimes et aussi persévérantes, mais qu'il lui demandait quelques mois de délai, avant de rompre les liens qui l'attachaient à son diocèse. Quand l'abbé Buathier annonça à ses parents que bientôt sans doute il allait les quitter, ce fut dans cet intérieur jusque-là si heureux un amer chagrin. Ils lui firent les représentations les plus fortes que l'affection paternelle puisse suggérer. Pouvait-il songer à les abandonner, pauvres, âgés, infirmes comme ils étaient, quand surtout ils venaient de lier pour toujours leur existence à la sienne ? Ses Directeurs intervinrent pour l'engager à rester. Puisque c'était la perfection sacerdotale qu'il cherchait ailleurs, ne pouvait-il point y parvenir par quelque autre moyen ? Ne ferait-il pas bien de s'associer à quelque œuvre de persévérance sacerdotale et de travailler à la répandre autour de lui ? Dans un entretien qu'il eut avec lui au Grand Séminaire, Mgr l'Evêque acheva de le décider à rester : « Que la volonté de Notre-Seigneur soit faite ! écrivait l'abbé Buathier, au retour de Bourg. J'avais rêvé de le servir ailleurs, j'essayerai de le bien servir ici. Priez seulement pour que je lui sois fidèle. Malgré certains brisements, je reste *au fond* joyeusement soumis. L'Oratoire n'était qu'un moyen. L'important, c'est le but ! »

Du reste la volonté divine se manifesta, non seulement par la voix de ceux qui avaient autorité sur lui, mais par les évènements. Il fut atteint pour la première fois d'une de ces hémorragies nasales dont le principe était une maladie de cœur et qui l'épuisaient de sang et de force.

Pendant huit jours, il fut entre la vie et la mort, à la merci d'un dernier accident. Ses amis s'inquiétaient, tout en essayant de le rassurer. *Exiit sermo inter fratres quia disci-*

pulus ille non moritur, lui écrivait l'un d'eux à l'occasion de la fête de saint Jean. « Les frères se disaient que ce disciple ne mourrait point. » Et en effet, on parvint à conjurer le retour de nouvelles hémorragies, et le malade entra en convalescence. « Enfin me voici beaucoup mieux, écrivait-il le 23 janvier 1882 ; après cinq longues semaines de privation, j'ai pu retrouver mon église, mon autel, mon calice ! »

Il put, comme par le passé, suffire à sa modeste tâche ; mais la vie active qu'il avait rêvée lui étant à jamais interdite, il voulut du moins, pour se rapprocher le plus possible de son idéal de perfection sacerdotale, emprunter à la vie religieuse tout ce qui était compatible avec les exigences de son ministère.

Il venait de se fonder, dans le diocèse de Belley, une Association de prêtres, ayant pour but leur persévérance et leurs progrès dans la sainteté de leur état. Désireux surtout d'échapper aux inconvénients graves de l'isolement auquel ils étaient condamnés dans leurs paroisses de campagne, ils se soumettaient à un règlement commun, dont les articles principaux concernaient l'emploi du temps, l'oraison, la visite au Saint Sacrement, la retraite du mois et tous les exercices de piété qui doivent entrer dans la vie d'un prêtre pieux, et ils tenaient, à des intervalles aussi rapprochés que possible, des réunions fraternelles où ils s'engageaient à étudier en commun des questions de théologie et de spiritualité. Dans un bulletin d'examen envoyé régulièrement à leur directeur, ils devaient rendre compte de leur fidélité à suivre le règlement de l'Association.

C'était, conformément aux institutions d'Holzauzer et suivant le mot du Concile de Constance, comme un moyen terme entre l'état religieux et la condition du prêtre séculier, dont on gardait le vrai règlement de vie en y ajoutant des moyens pratiques pour soutenir sa bonne volonté.

L'OEuvre était placée sous le patronage et le vocable du Cœur de Jésus ; l'abbé Buathier y comptait plusieurs amis, entre autres

son voisin immédiat, M. Robin, curé de
Montcet, prêtre dur à lui-même, bon aux
autres, d'une régularité exemplaire, et qui
sur son bulletin mensuel de direction, en
réponse aux questions sur la manière dont
il accomplissait les principaux exercices de la
vie sacerdotale, pouvait écrire chaque fois
ces mots bien éloquents dans leur simplicité :
Comme au Grand Séminaire. Enfin le curé
de Buellas y voyait un moyen de sanctification personnelle, qu'il jugeait très efficace
pour lui-même. C'en était assez pour qu'il
voulût entrer dans l'Œuvre.

Or, elle était mal comprise et mal vue de
plusieurs. Certains hommes qui en faisaient
partie étaient discutés, et par une injustice
qui n'est pas rare même à l'égard des sociétés
les meilleures, la défaveur qui s'attachait à
eux retombait sur l'ensemble de leurs confrères. Si l'abbé Buathier ne connut pas la
tristesse de voir ses amis s'éloigner de lui à
cette occasion, du moins il put se rendre
compte plus d'une fois du sentiment de vague
défiance flottant autour de l'Œuvre. Il n'en

fut pas découragé ; tout au contraire, son intrépidité naturelle l'amena plus d'une fois, à faire, et avec quel accent de conviction ! l'apologie de sa chère Association des Prêtres du Cœur de Jésus.

Voici en particulier la lettre qu'il écrivait à l'un de ses amis, avec lequel il s'était trouvé en désaccord sur cette question.

« Vous dirai-je que j'ai été quelque peu ému de notre dernière conversation sur le quai de la gare ? Je suis toujours étonné de voir les choses sérieuses considérées uniquement par leur petit côté !

« Evidemment, notre Association n'est point parfaite, puisqu'elle se compose d'hommes. Mais je reste persuadé que sous cette forme ou sous une autre (la forme importe peu) elle répond à un véritable besoin.

« Le clergé séculier périt par l'isolement ; il manque en général d'une direction suivie et efficace. De là cette pauvreté intellectuelle et morale que vous déplorez ; de là tant d'autres misères plus déplorables encore. Pour le moins on gaspille sa vie !

« Eh bien ! je vous assure que l'Association aide puissamment à l'organisation de la vie sacerdotale, et pour ma part je lui dois beaucoup. On ne sort jamais d'une réunion mensuelle sans emporter le désir d'être *plus prêtre*, et même quand ce désir ne passe pas complètement en acte, c'est bien quelque chose de le sentir en soi comme un principe d'élévation. Les Religieux sont constamment soutenus par leur Règle et par une direction qui est toujours à leur portée. Nous, prêtres séculiers, nous sommes seuls, à travers des écueils de tout genre. Et quand nous cherchons à nous grouper pour nous aider, nous avons l'amertume de sentir tomber sur nous le discrédit de ceux mêmes qui devraient être nos amis.

« Nous ne faisons la guerre à personne, Pourquoi nous traiter en ennemis ? Quand un curé établit une Confrérie dans sa paroisse, lui aussi divise ses paroissiens. Mais quel mal les membres de la Confrérie font-ils aux autres ? Et quelle raison y a-t-il à supprimer toutes les Confréries ?...

« Pour moi, je reste persuadé que les Associations sacerdotales, d'ailleurs formellement approuvées et recommandées par le Saint-Siège, sont un besoin de l'heure présente. Si elles naissent et grandissent dans les luttes, cela ne prouve rien, sauf peut-être qu'elles sont l'œuvre de Dieu. Qui sait si l'avenir n'est point à elles ?

« Je suis résolu, vous le comprenez, à ne pas me retirer de celle à laquelle j'appartiens, d'abord parce que j'y trouve une aide dont j'ai besoin, ensuite parce qu'en ce moment j'estime qu'il y aurait lâcheté à abandonner ceux qui m'ont accueilli.

« Certes, je préférerais de beaucoup être religieux ; mais ne pouvant l'être, je reste sous le petit abri que j'ai rencontré, non pas sans souffrir des contradictions, mais sans vouloir leur sacrifier mes meilleurs intérêts et la société d'excellents confrères. »

Encore qu'elle ne prétendît pas réunir en son sein tous les prêtres soucieux de la perfection, une Œuvre qui possédait des hommes d'une telle loyauté, d'une telle élévation d'âme, était digne de quelque considération. Peut-être lui a-t-il manqué surtout d'être plus connue, au moins de se proposer à tous, dès ses débuts, sans mystère et sans voile. Quoi qu'il en soit, l'abbé Buathier lui est resté fidèle jusqu'au bout ; il fut même, pendant quelques années, Directeur général du groupe diocésain des Prêtres du Cœur de Jésus.

Au milieu des travaux sérieux qui remplissaient ses veillées solitaires, amassant pour plus tard dans son esprit une riche moisson de connaissances et d'idées, le jeune curé se plut un jour à esquisser une figure de vierge chrétienne, qu'il avait entrevue pendant son vicariat de Bourg. Âgée de dix-huit ans à peine, mais marquée déjà de l'idéale beauté de ces âmes angéliques qui ne sont prêtées à la terre que pour un moment, Anne-Marie avait eu le bonheur de s'adresser quelquefois à l'abbé Buathier en confession. Surtout elle avait entendu à l'église sa parole pénétrante et qui remuait les cœurs, elle savait son zèle infatigable, son dévouement

aux pauvres, aux malades, aux pécheurs, les
bénédictions que Dieu se plaisait à répandre
sur son ministère.

Un jour, comme le jeune prêtre sortait de
maladie, elle le vit à l'autel, si pâle et si
défait, mais en même temps célébrant sa
messe d'un air si recueilli, qu'elle en fut sai-
sie d'émotion. Une pensée de foi traversa
cette âme généreuse. A quoi servait-elle en
ce monde, elle, pauvre jeune fille, qui n'avait
pas même de vocation précise ? Pourrait-elle
jamais faire autre chose que vivre dans la
famille pour jouir de ses tendresses, être
heureuse peut-être ici-bas ?... « Rien ne me
fait peur comme le bonheur, » avait-elle dit
un jour. Ce prêtre, au contraire, s'il vivait
quelques années encore, sauverait des âmes,
les porterait à la perfection, travaillerait plus
que nul autre à étendre le règne de Dieu...
Sa détermination fut bientôt prise ; la consécration était à peine finie qu'Anne-Marie
avait offert à Dieu le sacrifice de sa vie pour
la conservation de celle de l'abbé Buathier.
Puis, ce don d'elle-même étant volontaire-

ment et pleinement formulé, elle vint le sceller à la Table de communion, en recevant de la main de celui pour qui elle s'était offerte, la Victime pure, sainte et immaculée de l'immolation perpétuelle.

Quand le jeune prêtre l'apprit, il adressa à l'héroïque enfant de paternels reproches ; mais il était trop tard, le coup avait porté ; déjà souffrante depuis quelque temps, Anne-Marie sentit bientôt qu'elle était cette fois frappée à mort, et quelques mois à peine allaient suffire pour consommer le sacrifice qui avait été si généreusement offert ; car il est à remarquer que d'ordinaire Dieu exauce de telles victimes, lorsque par leurs vertus elles sont prêtes pour le Ciel. L'abbé Buathier eut le triste et consolant devoir d'assister celle-ci dans les derniers jours de sa mourante vie. Parfois encore il l'exhortait à vivre : « Vos désirs, lui écrivait-il, ne sont-ils pas plus mélancoliques que chrétiens ? Ah ! pauvre enfant, ce n'est pas la mort qu'il faut appeler ; c'est la vie qu'il faut sanctifier, et cela sans trop de défaillances ni de faiblesses.

Le ciel viendra plus tard ; pour le moment, essayons de le conquérir. Au lieu donc de rêver de la tombe, où vos regards voient plus de fleurs que de poussière, rêvez du bien que vous voulez faire, et pour vous en rendre capable, fortifiez votre chère santé. L'âme a de la peine à s'en tirer, lorsqu'il lui faut traîner un demi-cadavre. Par raison, par devoir, par vertu, et aussi par affection pour ceux qui vous sont si dévoués, ayez soin de vous, c'est mon conseil d'aujourd'hui. »

Conseil superflu d'ailleurs ! La mort arrivait à grands pas, et il fallut plus d'une fois, aux approches de l'austère visiteuse, soutenir le courage de la jeune malade. Nul ne peut se flatter d'être plus fort que Celui qui, dans l'indicible accablement de Gethsémani, criait à son Père : « Faites que ce calice passe loin de moi ! » A deux ou trois reprises, Anne-Marie éprouva comme une étreinte violente, suivie de brûlantes larmes. Mais jamais, même aux heures des plus grandes angoisses, elle n'eut l'ombre d'une révolte ni ne proféra une plainte, qui ne fût résignée. La dernière visite de Jésus-Hostie l'inonda d'une paisible joie, dont pendant plusieurs jours elle fut toute radieuse, puis, quelque temps après, ayant reçu les onctions saintes, elle imprima une dernière fois ses lèvres sur le crucifix que son père lui donnait à baiser, tendit encore ses mains défaillantes vers ceux qui l'entouraient, et dans ce double élan de son âme vers le Christ Jésus et vers les siens, elle s'endormit paisiblement dans le Seigneur.

Ces choses intimes et pures ne pouvaient être racontées en détail au grand public. L'abbé Buathier lui-même, quoique très confiant de sa nature, ne croyait pas qu'on pût livrer de tels trésors à la foule, à cette foule si peu intelligente des inspirations d'un cœur chrétien, si peu bienveillante parfois. Mais dans le silence de ses veillées laborieuses, il sentit le besoin de charmer et d'édifier son âme au souvenir de tant de généreuse vertu, et il esquissa cette figure d'héroïque jeune fille en des pages restées manuscrites, et où il versa le fond de ses pensées dans leur ingénuité native. D'une candeur égale à la pureté et à l'élévation de son cœur, il voyait les choses comme on les voit au Ciel, dans la charité du bon Dieu, et il aimait les âmes sans arrière-pensée. Plus d'une fois sans doute il eut lieu de s'apercevoir que tout le monde autour de lui n'avait pas des intentions aussi droites, mais jusqu'au bout il resta de ces âmes candides et cordiales, qui, comme le faisait saint François de Sales, préfèrent cent fois la simplicité de la colombe à la prudence du serpent.

Il y aurait grand charme à méditer avec lui « cette vie toute simple, tendant à la perfection dans cette simplicité absolue, » à recueillir à sa suite « ces reliques immatérielles, précieuses entre toutes, composées de ce que l'âme humaine a de plus exquis. » Mais gardons-nous de soulever le voile de virginale humilité, derrière lequel se cache ici-bas la mémoire de cette enfant. « O mon Dieu, disait-elle un jour, donnez-moi la force de préférer les humiliations aux flatteries. » Le divin Maître lui donna mieux encore, puisqu'Il lui envoya la grâce de s'ignorer elle-même et de rester inconnue. Que ses desseins sur cette âme prédestinée soient à jamais respectés !

Sans vouloir donc insister ni accorder trop de place à cette histoire dans la vie de l'abbé Buathier, citons du moins quelques réflexions qui lui sont personnelles. Il étudie la vie intérieure chez Anne-Marie, source de l'héroïsme dont elle fait preuve dans ses actes. Car, dit Mgr Landriot « toute chose ici-bas a deux vies, la vie intime et la vie extérieure ; c'est la première qui alimente l'autre. Presque toujours ce qui donne la nourriture est caché, ce qui la reçoit attire à lui seul les regards. » Et dans l'étude des éléments de la vie intérieure, l'auteur de la biographie établit que la piété ne peut vivre et se développer qu'autant qu'elle est appuyée et en quelque sorte greffée sur une religion bien comprise.

« A proprement parler, Anne-Marie, qui avait l'âme si pieuse, l'avait encore plus chrétienne.

« La religion du Crucifié lui était apparue sous son véritable jour, avec sa loi précise, non moins qu'avec ses dogmes absolus. Cet esprit si droit avait compris avant tout la parole du Maître : « Vous serez mes amis, si vous faites ce que je vous ordonne. »

« Qui dit vertu, dit effort : les deux mots sont synonymes, les deux choses, inséparables. Ce n'est assurément pas le lieu de faire à ce sujet une dissertation théologique ; mais nous ne pouvons nous empêcher de remarquer en passant, que dans l'état physique, intellectuel et moral, où le péché nous a réduits, le sacrifice est devenu la loi de tout ce qui veut vivre ; on peut dire qu'il est la loi de la vie par la mort. De même que le grain ne devient fécond que s'il meurt, *non vivificatur, nisi priùs moriatur*, dit S. Paul, de même l'âme ne peut vivre au bien que si elle meurt au mal ; la vie surnaturelle ne peut s'établir en elle que par la mort de la vie égoïste ; car Dieu n'occupe en nous que la place laissée vide par l'extirpation progressive du *moi*. De là le mot si énergique de notre langue catholique, mot absolument neuf et tout à fait inconnu aux païens : la *mortification*, c'est-à-dire la mort quotidienne de ce *moi* mauvais par la domination de l'esprit sur la chair et de Dieu sur l'esprit.

« Hélas ! notre génération frivole connaît de moins en moins ces principes, aussi élémentaires cependant qu'indispensables ; elles ne les fait presque plus entrer dans la pratique de la vie. Même parmi les jeunes filles qui se disent pieuses, combien en peut-on compter qui apportent à la lutte contre elles-mêmes une attention sérieuse et des efforts soutenus ? Au lieu de la vaillante générosité chrétienne, la mollesse, le laisser-aller, je ne sais quel *farniente* spirituel, envahissent ces pauvres âmes et les réduisent avec une effrayante rapidité à un état pitoyable d'alanguissement et de dépérissement moral.

« Mais nous n'avons point à faire le procès de nos jeunes contemporaines ; nous préférons leur offrir un exemple qui leur parlera plus haut que toutes nos considérations attristées, l'exemple de cette jeune fille de leur âge, dont nous avons caractérisé l'esprit par le bon sens, le cœur par l'amour gratuit, et dont nous caractérisons la piété par un mot plus beau encore et non moins vrai : le sacrifice dans l'amour, l'effort perpétuel vers le bien dans l'amour grandissant du Verbe Incarné. »

N'est-ce point déjà une page du *Sacrifice* que nous avons ici, dans ce petit cahier que personne n'a lu, à part quelques intimes ? Plus tard l'idée se précisera, la phrase deviendra plus nerveuse et les mots plus fermes ; quant à cette doctrine, il l'a puisée au plus profond des sources évangéliques, elle est l'essence même de la morale chrétienne ; déjà il en a l'âme pleine, ses lectures de chaque jour grossissent encore ce fond d'idées qui lui sont familières ; plus tard, quand l'heure viendra d'écrire, il donnera sur cette base un livre de spiritualité aussi complet que solide.

Citons encore un passage. Après avoir dit que l'amour d'Anne-Marie pour Notre-Seigneur avait pris la forme d'une dévotion spéciale au Sacré Cœur, il appuie sur un autre trait saillant de cette âme sainte. « Le Cœur sacré, au sein duquel elle avait puisé, avec une volonté singulièrement énergique, une simplicité si humble et si droite, lui avait inspiré en même temps un grand amour pour son œuvre divine, la Sainte Église. Cet amour nous frappa et nous réjouit d'autant plus qu'une des tristesses de notre ministère sacerdotal est de rencontrer si peu, même chez les personnes pieuses, la notion exacte et le culte affectueux de l'Épouse du Christ. Beaucoup d'âmes s'occupent de Notre-Seigneur, de sa vie, de ses mystères, de sa grâce, de ses Sacrements, sans paraître se douter qu'il n'est au milieu de nous que par son Église, comme nous ne sommes à Lui que par Elle, si bien que si on leur demande de prier pour cette Église, de s'intéresser à son développement, à ses œuvres, à ses souffrances, à ses luttes, à ses victoires, la voix reste sans écho, et l'appel sans réponse. Quelle étrange piété, et comme elle nous a fait souffrir !

« Anne-Marie avait vraiment la dévotion à l'Eglise ; elle se préoccupait de tout ce qui la touchait, de ses épreuves surtout et de ses persécutions, et chaque jour elle priait pour son accroissement et son triomphe. C'est que rien ne lui tenait au cœur comme la diffusion du règne de Dieu : *Adveniat regnum tuum !* telle était son invocation favorite...

« Or, c'est à cet amour si filial pour l'Eglise qu'il faut rattacher l'attrait spécial auquel nous faisions allusion et qui fut un dévouement singulier, presque étrange, mais profondément religieux, envers le sacerdoce catholique. Par quelle intuition cette jeune fille avait-elle connu l'immense besoin de grâces qu'ont à l'heure présente les prêtres du Christ ? Où avait-elle appris, surtout au sein d'un monde qui le méconnaît, le devoir qui incombe à tout chrétien de prier pour les Pasteurs de l'Église ? Nous ne le savons pas au juste, mais nous savons que la pratique de ce devoir, si oublié de la foule, fut une de ses constantes préoccupations et qu'elle priait journellement pour les prêtres. »

Heureuses les âmes, ajouterons-nous, qui comme cette jeune fille inconnue, portent en elles des dispositions si éminemment catholiques ! mais plus heureuse encore l'Eglise, si la prière des fidèles venait toujours, fervente et filiale, s'unir à l'action du prêtre, pour la rendre à la fois plus sainte et plus efficace !

Dans ces pages d'histoire intime, l'abbé Buathier avait jeté en passant un peu de son âme, sans prétention littéraire, simplement pour sa propre satisfaction, pour celle de quelques amis. Mais de plus en plus il se révélait écrivain, il savait creuser un sujet, y trouver des idées neuves et profondes et les exprimer en un style éminemment personnel. Peut-être un jour serait-il mis en face d'un travail de quelque importance. En attendant, le jeune curé amassait, dans le silence de ses veillées solitaires, ce riche trésor de choses nouvelles et de choses anciennes, dont l'homme de bien, le prêtre surtout, doit avoir les mains pleines pour le répandre autour de lui. La part du nouveau lui était fournie surtout par les feuilles religieuses, les revues auxquelles il était abonné, par les livres d'actualité, qu'il achetait toujours le premier, à mesure qu'ils paraissaient. Homme de son temps, attentif à toutes les polémiques religieuses, sociales ou philosophiques, frémissant de tous les scandales dont l'Eglise et la France avaient à gémir, il se passionnait d'autant plus pour la vérité et la justice qu'elles étaient plus odieusement attaquées, et nos orateurs chrétiens ne prononçaient pas une parole éloquente, qu'elle ne trouvât un écho vibrant au petit presbytère de Buellas.

Toutefois, il savait assez se dégager **des** préoccupations du moment, si vives fussent-elles, pour étudier la Théologie, l'Histoire, l'Ecriture Sainte principalement, ce fonds inépuisable des idées qui sont la vie de toute intelligence chrétienne et le salut de l'humanité. Et il ne se contentait pas de lire avec plus ou moins d'attention le chapitre de chaque journée, inscrit dans le règlement d'une vie sacerdotale bien ordonnée. Pour lui, lire n'était-ce pas étudier ? Quel profit peut-on retirer, en effet, d'une lecture superficielle, sans effort et sans peine ? On y prend connaissance des pensées de l'auteur, mais on ne se les assimile pas. Il faut que l'intelligence du lecteur se recueille, qu'elle juge, qu'elle compare, qu'elle résume, qu'elle se livre enfin à un travail personnel, qui lui assure la possession des richesses intellectuelles qu'elle vient de découvrir. Et quand il s'agit de l'Ecriture sainte, qui est le Verbe de Dieu, il faut de plus lire avec tout le respect et tout l'amour de son âme : il faut adorer !

Ce fut de cette manière et dans ces dispositions, que l'abbé Buathier étudia notamment les Epîtres de S. Paul. D'où lui venait l'affection d'âme, si profonde, qui ramenait toujours sa pensée au grand Apôtre ? Ce qu'il aimait en lui, était-ce simplement ce style imagé, rapide, qui projette de si vives clartés sur tous les points du dogme chrétien ? N'était-ce point plutôt cet amour ardent pour Notre-Seigneur, qui a fait dire à saint Jean Chrysostôme que le cœur de Paul était le Cœur de Jésus-Christ lui-même ? N'était-il point attiré par des idées qui lui étaient souverainement chères et dont il trouvait le magnifique développement dans les Epîtres : le sacerdoce de Notre-Seigneur, notre union avec Lui par la charité, la beauté et la vertu salutaire de son sacrifice ? Toujours est-il qu'il professait pour saint Paul un culte enthousiaste, il le lisait assidûment, fouillant tous ses textes avec amour. Que de fois, quand il avait donné à ses chères âmes tout ce qu'il pouvait dépenser pour elles de son cœur et de son temps, on l'a entendu dire en montant à sa chambre, d'un air heureux : « Maintenant, je reviens à mon saint Paul ? »

Le livre des Psaumes n'avait pas moins d'attrait pour lui. Astreint par une des obligations du sous-diaconat à réciter le saint Office, où l'Eglise a fait entrer tout le psautier, il s'était promis dès le premier jour d'en faire une étude spéciale et il la commença sérieusement sitôt qu'il fut à Buellas. Or, à mesure qu'il avançait dans ce travail, les considérations pieuses se pressaient sous sa plume, elles touchaient son cœur et il n'avait que du bonheur à les exprimer. « Pourquoi n'écririez-vous pas pour le public ? lui dit un jour une personne amie. Ces pages feraient du bien, et vous trouveriez vous-même, à les composer, tout profit pour votre âme. » Cette proposition surprit sa modestie ; il n'avait jamais présumé de ses forces au point de penser qu'il affronterait un jour la publicité ; des articles de journaux, d'un style alerte et piquant, mais sans autre importance que celle des évènements fugitifs qui en avaient fourni l'occasion, étaient le seul essai qu'il eût jamais tenté.

Pourtant ses amis l'encourageaient ; un membre des plus distingués du clergé de Paris, M. de Bretagne, avec lequel il était en relations, lui promettait appui, conseils et collaboration, s'il en était besoin ; l'Oratoire lui-même, qui ne perdait pas tout espoir de voir un jour ce jeune prêtre dans ses rangs, l'engageait à écrire. D'autre part, il avait tou près de lui, à sa porte même, un exemple à suivre. Dans une paroisse voisine de la sienne, à Saint-Denis-le-Ceyzériat, on gardait précieusement le souvenir d'un curé mort vingt ans auparavant, et qui ayant passé presque toute sa vie dans l'isolement d'un presbytère, pauvre, éloigné de tout centre intellectuel, avait pu cependant, au prix d'un travail acharné, y écrire un ouvrage de haute valeur et universellement estimé. C'était M. Gorini, l'ancien curé de La Tranclière, l'illustre et modeste auteur de la *Défense de l'Eglise*.

Pour soutenir le prêtre au milieu d'un travail pareil, lorsque perdu au fond de sa solitude, sans livres, sans amis avec qui il puisse échanger ses idées, il est aux prises avec mille difficultés matérielles, il lui faut au cœur un grand amour. L'abbé Gorini avait eu plus que personne l'amour de l'E-glise, et il y avait trouvé assez de courage et de persévérance pour s'attaquer aux historiens les plus en renom du commencement du XIXe siècle, signaler les erreurs qui fourmillaient dans leurs livres et rétablir la vérité sur tous les points. Ce fut, à vrai dire, un spectacle peu banal et qui fit tressaillir un moment l'Eglise de France, que de voir un petit curé de campagne redresser d'un tour de main facile et sûr, mais toujours aimable, les inexactitudes volontaires ou non des Augustin et des Amédée Thierry, des Edgar Quinet, des Aimé Martin, des Guizot, de ceux enfin que la jeunesse studieuse du temps appelait ses maîtres, qu'elle vénérait comme des dieux. La plupart d'entre eux furent obligés de reconnaître qu'ils s'étaient trompés, et il y en eut un, ce fut Augustin Thierry, qui dut à son savant contradicteur, avec la lumière sur certaines questions d'histoire, la première grâce de son retour à la foi.

L'abbé Buathier ne le cédait point à M. Gorini pour l'amour de l'Eglise ; ses gloires dans le passé, ses héros de sainteté, ses œuvres et les bienfaits qu'elle répand sur la vie des peuples, sollicitaient l'attention de son esprit, et après l'Ecriture sainte, l'étude qu'il préferait était l'histoire de l'Eglise.

Quant à ses droits, il se serait fait hâcher pour les défendre, et l'une des plus vives souffrances qu'il éprouvait était de la voir outrager par l'impiété contemporaine.

Toutefois, ce qui constitue la note dominante dans ce cœur de prêtre où vibrent et chantent tous les nobles sentiments, c'est la piété proprement dite, faite tout d'abord d'un tendre et profond amour de Dieu et puisant, dans l'intimité du divin Cœur, un dévouement apostolique pour les âmes. Le surnaturel est sa vie, il veut arriver à la perfection, il veut y entraîner les âmes que Notre-Seigneur a mises sur son chemin. Un jour ou l'autre cette ardente piété lui ferait entreprendre et mener à bien une œuvre de mérite.

Pour étudier son sujet, il acheta des livres et les lut, comme toujours, la plume à la main. Quand il rencontrait des questions où l'avis d'un spécialiste pouvait lui être utile, il n'avait garde de s'en passer ; il lui fallait avant tout la lumière, la plus grande lumière. Ainsi le plan qu'il a adopté comporte l'exa-

men des hymnes sur la Création et la Providence. Quelques notions philosophiques lui
paraissent nécessaires, il aura à se demander
jusqu'à quel point la raison seule démontre
l'acte créateur. Pour ne point marcher à
l'aventure, sur un terrain où il faut des
connaissances précises, il a recours à un ami,
un des professeurs les plus estimés de l'Université, M. Robert, doyen de la Faculté des
lettres de Rennes, philosophe aussi éminent
par le savoir que profondément chrétien. Et
celui-ci répond à son jeune ami par la plus
aimable et la plus documentée des lettres.

Quelle devait être cette étude sur les Psaumes, pour laquelle il faisait de si sérieuses
recherches ? L'abbé Buathier va nous le dire
lui-même, dans le projet d'introduction qu'il
a laissé en tête de ses notes et des quelques
chapitres qu'il a composés ; ainsi l'on aura,
exposée par lui, l'idée générale de l'œuvre
qu'il méditait (1).

____

(1) Pour donner une idée plus précise et plus complète du
livre, tel qu'il le projetait, nous ne croyons pouvoir mieux
faire que d'indiquer ici les titres de chapitres.

    David, sa vie, sa physionomie.
    Le Psautier.

« Parmi les livres inspirés, écrits avant la
venue de Jésus-Christ, l'un d'eux, le livre des

L'idée de Dieu dans les Psaumes.
La Création et la Providence.
Hymnes sur la Création et la Providence.
Le sentiment religieux.
La Religion d'Israël.
Vues sur l'avenir : le Messie.
La Vie spirituelle dans l'Ancien Testament.
Le commencement de la Sagesse.
La perfection de la Loi.
Aveu de la faiblesse humaine.
La Prière et ses formes diverses.
Louange à Dieu ; adoration.
Voix de la nature.
Psaumes des contemplatifs.
Lamentations.
Les Chants de la reconnaissance.
Souvenirs religieux et Chants de fête.
Saints attraits de l'âme.
La Maison du Seignenr.
Jérusalem, la cité sainte.
Zèle de la gloire de Dieu.
L'amour de la loi divine.
Un portrait du Juste sous l'Ancien Testament.
Le péché et l'état du pécheur.
Les chemins du repentir.
Le combat de la vie.
Esprit de confiance.
Le scandale de la foi.
Appel à la justice.
Dieu se souvient des opprimés.
Les bénédictions sur le Juste.
Le malheur de l'impie.
Gémissements de l'exil.
Le *Scheol* ou le sort des âmes.
Le règne de Dieu.

Psaumes, résume sous une forme séduisante, toutes les traditions, les dogmes, les pensées, les sentiments, l'histoire, et, pour ainsi dire, la vie même du peuple de Dieu.

« C'est ce Livre que nous voudrions rappeler aux méditations de tant d'âmes qu'une éducation plus littéraire que religieuse n'a pas familiarisée avec la Bible.

« Elles y apprendraient à connaître mieux ce peuple extraordinaire, à qui Dieu parla pendant deux mille ans, et chez lequel se perpétuèrent, en des temps d'universelle défaillance, la vérité et la vertu.

« Elles y trouveraient, avec les témoignages d'une Providence permanente dans l'humanité et toujours soucieuse des âmes, les vraies origines de la Religion qui remplit aujourd'hui le monde de ses bienfaits.

« Elles y puiseraient enfin, s'il en était besoin, les raisons de revenir à la foi de leur enfance. Les Psaumes réveilleraient chez elles des souvenirs endormis, leur rappelleraient des enseignements oubliés, les initieraient, comme à nouveau, aux doctrines de l'Evangile.

« Ce Livre n'est pas seulement l'expression et le résumé de la Religion du Peuple hébreu. Inspiré à l'heure du parfait développement d'Israël, il contient, avec toutes les traditions de son passé, tous les germes de son avenir. Il est ainsi *le Livre du Peuple de Dieu* dans ses âges divers, et convient au peuple chrétien non moins qu'au peuple juif ; il fait entrer dans la vie intime de cette société universelle des enfants de Dieu, qui est née aux premiers jours du monde, a grandi avec le cours du temps, mais demeure semblable à elle-même, au milieu de ses progrès. Tout membre de cette société se reconnaît en un tel Livre ; le chrétien retrouve, dans ces chants antiques, ses propres sentiments et comme son âme exprimée tout entière. La lumière s'est ajoutée à la lumière, mais en restant une, harmonieuse. Et quand, aujourd'hui, instruits à l'école de l'Evangile, nous cherchons des paroles qui disent ce que nous pensons de Dieu, ce qu'il faut lui demander, lui promettre et attendre de lui, nous n'avons qu'à ouvrir le Psautier ; notre cœur trouve là son meilleur interprète.

« Ce Livre cependant n'est pas assez connu de nos jours. Il n'est plus *le Livre du Peuple de Dieu*.

« Pourquoi ?

« Le grand nombre, avouons-le, n'est guère curieux des choses religieuses. C'est une première et vraie raison de l'oubli du peuple chrétien vis-à-vis d'un Livre qui devrait être, après l'Evangile, le livre par excellence.

« Cette indifférence peut s'expliquer encore autrement. Le psautier n'est plus aimé de notre siècle, parce qu'on ne le lui a pas fait connaître. Les commentateurs anciens ne suffisent pas ; ils sont savants, mais n'intéressent point. Qui donc aujourd'hui lira un commentaire des Psaumes, verset par verset ? Nos habitudes d'esprit ne sont plus les mêmes, elles réclament d'autres méthodes.

« Voici celle que nous avons adoptée :

« Les Psaumes renferment toute une doctrine, dont les éléments épars peuvent être recueillis et coordonnés. Sans doute, pour celui qui les parcourt une première fois, ils ne semblent être que les épanchements sublimes d'une âme religieuse ; mais quand on les a longtemps médités, on y découvre une série d'enseignements liés entre eux.

« Nous avons groupé dans un ordre logique ces données diverses. Assurément, les Psaumes ne se suivent pas selon cet ordre, mais ils renferment, cachée dans leur profondeur, cette riche mine d'enseignements divins.

« L'Ancien Testament, son dogme, sa morale, son histoire, est tout entier dans ces chants ; Israël leur a confié les hymnes de sa foi, de ses espérances, de son amour, l'expression même de sa vie.

« La nouvelle Alliance n'y est pas moins merveilleusement annoncée avant le temps, et proposée sous des figures et des symboles transparents. C'est l'Evangile anticipé.

« Il nous a paru intéressant de rechercher et de grouper les éléments d'une doctrine si complète. C'est là, si elle en a un, le caractère original de notre étude sur les Psaumes. »

Tels étaient les projets du jeune prêtre. Ce ne furent, hélas ! que de beaux rêves, aujourd'hui évanouis. La vie, bien que les tristesses de chaque jour la fassent longue, est trop courte pour suffire aux désirs des âmes généreuses, qui voudraient la remplir des monuments de leur foi et de leur amour. Ici, le monument eût été superbe. Il n'y eut d'achevé que le portique : avec cette Introduction, sept chapitres seulement, écrits de verve après de sérieuses études et émaillés de réflexions pieuses. Mais la table des matières en énumérait près de quarante ; les titres restent tout rayonnants de promesses, le canevas est plein de choses, parfois il s'y ajoute des notes suggestives, des phrases toutes ciselées ; ce sont d'admirables fragments restés épars sur le sol ; l'artiste a dû les laisser là pour courir à une autre œuvre plus urgente.

11

CHAPITRE V

Depuis longtemps, nous l'avons vu, l'abbé Buathier avait été initié par la tendre piété de son père et de sa mère à la dévotion du Sacré Cœur. Tout jeune enfant, il aimait déjà à le prier. Puis l'âge, les études, la grâce de Dieu, avaient développé cet attrait de son âme ; le sacerdoce, dans les affections surnaturelles qu'il avait fait naître ou grandir en lui, avait particulièrement augmenté son ardent amour pour le Cœur de Jésus. Si cette dévotion s'adresse à tous, elle convient surtout au prêtre ; car c'est à lui que Notre-Seigneur se plaît à livrer tous les trésors de son Cœur, soit dans l'intimité du Saint-Sacrifice de l'autel, soit dans les mystères ineffables de miséricorde divine qui s'exercent en faveur de tant de pauvres pécheurs par l'entremise du ministère sacerdotal. Le prêtre est par vocation et à titre spécial l'ami du Sacré Cœur, il en doit être l'apôtre. Et maintenant surtout que le culte du Sacré Cœur semble aussi répandu que la foi chrétienne elle-même, que l'Eglise l'a tant de fois et si solennellement recommandé par la voix des Souverains Pontifes, il serait inadmissible qu'il y eût un prêtre, un vrai prêtre, à conserver à l'égard de cette dévotion l'attitude défiante ou dédaigneuse qu'un reste honteux de jansénisme peut seul inspirer. Il faut le Sacré Cœur à l'âme du prêtre, il le faut aussi à son ministère, à ses pécheurs pour les convertir, à ses fidèles pour les sanctifier.

Etant vicaire de Bourg, l'abbé Buathier avait eu des rapports fréquents et affectueux avec le monastère de la Visitation de cette ville, berceau et centre de la Garde d'honneur du Sacré Cœur de Jésus. Il connaissait l'Œuvre, elle répondait parfaitement aux attraits de sa piété. Sa devise, en effet, est Gloire, Amour, Réparation au Sacré Cœur de Jésus ! Son but est de faire adorer ce divin Cœur blessé par la lance sur le Calvaire, mais bien plus encore par les péchés des hommes, et de lui procurer, dans l'amour consolateur des âmes fidèles, dans leurs immolations intimes ou même extérieures, des réparations à tous les outrages dont on l'abreuve. Outre les pratiques qui sont communes à toutes les Œuvres similaires, la célébration du premier vendredi du mois, la Communion réréparatrice, la Consécration et l'amende honorable au Sacré Cœur, la Garde d'honneur en possède une qui la distingue et qui justifie son nom : c'est l'Heure de garde. Chaque associé, en entrant dans l'Œuvre, choisit l'heure du jour ou de la nuit qu'il veut sanctifier spécialement par ses hommages au Cœur de Jésus ; et sans rien changer à ses occupations, chaque fois que revient cette heure bénie, il offre à ce divin Cœur les pensées, les actes, les souffrances dont elle sera remplie. Et pour se rappeler, chaque jour, le retour de la fonction sainte dont il s'est chargé, il n'a qu'à jeter les yeux sur le Cadran horaire qui lui servit de cachet d'admission : le Cœur de Jésus s'offre à ses regards, avec sa plaie béante, avec les flammes qui sont l'emblème de son infinie charité.

Grâce à une organisation simple, toute pratique et qui s'adapte aussi facilement à la vie paroissiale qu'elle se prête aux différents offices de la vie religieuse, grâce surtout aux singulières bénédictions dont le Ciel l'a comblée, la Garde d'honneur, qui ne date que de 1863, est aujourd'hui une des OEuvres du Sacré Cœur les plus populaires et les plus répandues. Il est impossible d'établir au juste le nombre de ses associés ; mais sûrement ce nombre n'est pas inférieur à six millions.

Or, au moment où elle reçut le concours actif du jeune curé de Buellas, elle avait fait déjà de merveilleux progrès dans le monde des âmes pieuses. Sans autres moyens d'action

que d'humbles feuilles de propagande ou le
dévouement individuel de ses zélateurs, isolés
les uns des autres, et n'ayant avec le centre
de l'Association que des rapports très éloi-
gnés, elle s'était établie dans une multitude
de paroisses et de communautés ; ses can-
tiques étaient devenus populaires, son Cadran
se voyait partout. En 1878, Léon XIII avait
érigé la Confrérie de Bourg en Archiconfrérie
pour la France et la Belgique, et il venait
d'accorder une faveur analogue à celles
d'Italie et de Hollande. Répandue à cette
heure par le monde entier, la Garde d'honneur avait son but spécial, sa mission, ses
formules de prières, ses indulgences, son
organisation reconnue par l'Eglise, sa vie
propre, avec plusieurs millions d'associés ;
il ne lui manquait qu'un organe, pour grouper les forces vives dont elle disposait et
activer leur ardeur au service du divin Maître.

Depuis quelques années déjà, la création
d'un *Bulletin mensuel* était décidée, mais ce
ne fut qu'en 1882 que l'idée fut mise à exécution. L'autorité ecclésiastique confia la di-

rection de la feuille naissante à des hommes
d'une vertu, d'un savoir et d'un talent éprou-
vés, M. Perretant, Supérieur du Grand Séminaire de Brou ; M. Evieux, devenu depuis
professeur de Droit canon aux Facultés
catholiques de Lille ; M. Théloz. Le premier
sut donner dès le début au *Bulletin* ce
caractère de piété essentiellement pratique,
qui s'y est conservé depuis. La dévotion
au Sacré Cœur est surtout une dévotion
d'imitation ; nous ne pouvons mieux consoler Notre-Seigneur que par l'exercice des
vertus qui lui sont chères. Et à quoi servirait un journal de piété, si bien rédigé fût-
il, s'il ne rendait meilleures les personnes
qui le lisent, s'il ne leur suggérait, dans la
disette parfois si profonde où elles se trouvent, l'idée de ce qu'il conviendrait de faire
pour plaire à Jésus.

Mais il fallait aussi des études de fond
pour servir aux âmes le pain substantiel et
savoureux de la doctrine. Le Directeur du
Bulletin connaissait un homme très capable
de traiter un sujet de longue haleine, esprit

chercheur et profond, aimant le travail de la pensée, talent délié, original et plein de flamme, et par dessus tout, cœur de prêtre. L'occasion lui parut excellente de produire au jour et d'exploiter de tels trésors intellectuels cachés au fond d'un pauvre presbytère de campagne. Il fit venir l'abbé Buathier au Grand Séminaire de Brou : « Vous devriez, lui dit-il, collaborer au *Bulletin*, au moins nous envoyer quelques articles. — Avec plaisir, répondit le jeune prêtre, puisqu'il s'agit du Sacré Cœur. Mais il faut un sujet. Lequel choisir ? — Le sacrifice envisagé au point de vue soit du dogme, soit de la vie chrétienne ! Cela vous conviendrait-il ? — Comme vous tombez juste ! Voilà bien des fois que ce sujet m'a tenté ; j'ai déjà dans l'esprit quelques aperçus sur la question. Vous pouvez compter sur un article pour le prochain numéro. »

Et en effet, le *Bulletin* d'avril 1882 débutait par ces lignes d'un ton si absolument personnel :

« L'institution de la Garde d'honneur est

étroitement liée à l'idée de réparation. Grouper des âmes dévouées autour du Dieu méconnu, et par ces âmes, affirmer ses droits, correspondre à son amour, désarmer sa justice, consoler et réjouir son Cœur, tel est le but de l'Œuvre. Et qu'est-ce que tout cela, sinon réparer ?

« Or rien ne confine de plus près à la réparation que le sacrifice, puisqu'il en est l'élément principal. pour ne pas dire l'élément unique. C'est donc, nous semble-t-il, entrer pleinement dans l'esprit de ce *Bulletin*, que parler à ses lecteurs du *Sacrifice chrétien*.

« Le sujet est vaste, il est immense. Ses limites dépassent les bornes de ce monde pour atteindre les rives éternelles ; il embrasse à la fois Dieu, le Christ et l'homme, les rapports des créatures avec le Créateur, des rachetés avec le Rédempteur, des âmes entre elles dans les trois Eglises, et par là même, les conditions de la vie surnaturelle et les sources de la vie glorieuse. Flamme intime et sacrée, le sacrifice est partout, non seulement comme le feu qui consume, mais comme le foyer qui réchauffe et comme la lampe qui brille. Sans lui, sans l'intelligence de son rôle, les plus grands problèmes restent insolubles ; avec lui, les mystères eux-mêmes s'illuminent. Et de même que la lumière, dans une urne d'albâtre, met en relief les moindres contours du vase précieux qui la renferme, ainsi le sacrifice, placé au centre de la vie chrétienne, en éclaire tous les éléments constitutifs, depuis les plus hautes vérités du dogme jusqu'aux plus humbles pratiques de la morale ».

Et la pensée continuait ainsi, se déroulant en phrases d'une beauté achevée. Les lecteurs du *Bulletin* tressaillirent à la lecture de ces premières pages ; ils avaient reconnu un homme, un écrivain supérieur. Sans doute les mots étaient choisis autant que les idées, il y avait un peu d'apprêt, un peu de jeunesse également, dans la magie de ce style enchanteur. Mais à côté de la magnificence de la forme, quel charme, quelle splendeur dans les considérations ! L'auteur arrache ceux qui le lisent aux vulgarités à travers lesquelles leur âme s'oublie trop souvent et il les élève aux sublimités du dogme chrétien. On sent qu'il est maître de sa matière, de son plan général, comme de la pensée, qu'il traduit au moment même en expressions trouvées, absolument personnelles, et dont il arrête les contours avec tant de précision.

C'est l'honneur *du Bulletin* d'avoir mis en lumière ce jeune talent, qui se serait sans doute consumé dans les obscurs travaux d'une cure de campagne, ignoré de lui-même et perdu à jamais pour les lettres chrétiennes. L'abbé Buathier vit s'élargir son horizon ; par delà les limites étroites de sa paroisse, il aperçut, grâce à la pieuse Revue, des milliers d'âmes qu'il ne connaissait pas, mais qui attendirent de lui dorénavant la parole qui relève et qui console. Sa vie solitaire s'anima du sentiment de leur faire du bien, et son sacerdoce en reçut une nouvelle fécondité.

Le voilà donc appliqué à une œuvre qui.

convient à son exquise nature ; il a pour prin-cipe qu'un journal doit respecter ses lecteurs, quand surtout ils appartiennent à cette élite d'âmes pieuses, telles que les forme la dévotion au Sacré Cœur ; aussi est-ce avec un soin religieux qu'il écrit chacun de ses articles, il a horreur de tout ce qui est banal ; la phrase, aussi bien que la pensée, il faut que tout soit digne et du sujet qu'il a entre-pris et du public auquel il s'adresse. Il se plonge avec une ardeur nouvelle dans l'étude de la théologie et de l'Ecriture Sainte ; à mesure qu'il avance dans son travail, de nou-veaux horizons s'ouvrent devant lui, les questions le ravissent, il fouille les auteurs mystiques, il les étudie, il les médite, et l'esprit pénétré de leurs réflexions pieuses, le cœur tout brûlant du feu intérieur, il revient à ses lecteurs et laisse parler son âme.

Du reste, travaillant pour les autres, essayant de les porter à une vertu plus haute, il éprouve le besoin de se sanctifier lui-même davantage. Il ne lui suffit pas que son idéal de prêtre s'élève et s'embellisse, il faut

qu'il l'atteigne et le réalise en sa personne.
« Quelle perfection cet état exige, écrit-il à
cette époque ! Quelle vie d'hostie il demande
et provoque ! Je reste confondu en voyant ce
que je devrais être et ce que je suis. Oh !
aidez-moi bien toujours de vos prières, pour
que la grâce de mon sacerdoce ne soit pas
stérile, pour que je sache bien donner Dieu
aux âmes et les âmes à Dieu ». Et dans une
autre lettre écrite à la date, toujours aimée
et saintement fêtée, de son sacerdoce : « Je
sens plus que jamais l'immense grâce que
Notre-Seigneur m'a faite en m'appelant au
sacerdoce. Je sens aussi, hélas ! combien,
durant ces onze ans, j'ai commis de fautes,
d'infidélités, et de quelles imperfections je
suis rempli. Mais vous ne sauriez croire quel
ardent désir de devenir meilleur s'empare de
moi, quelle soif d'union à Jésus, quelles
aspirations à la sainteté je ressens au plus
intime de mon âme ! J'ai beaucoup prié en
ce sens, ce matin, à l'autel, près de ce Dieu
qui renouvelle la jeunesse de ses prêtres.
Voilà aussi ce que vous avez demandé pour

moi, n'est-ce pas ? Ayons bien devant les yeux le divin Exemplaire ; attachons-nous à Lui par dessus tout, ne cherchons qu'à Lui plaire, et alors le dégagement de nous-mêmes deviendra facile. Je crois que le Maître me fait la grâce, depuis quelque temps, de mieux comprendre la vanité de tout ce qui n'est pas Lui. Mais suppliez-le de me rendre *fidèle* à ses grâces, afin que ma vie lui soit un honneur et qu'elle se consacre à son service près des âmes qu'il me confie. »

Il était très attaché aux petites pratiques de piété, scapulaires, médailles, images, chapelets. Si par elles-mêmes elles ne constituent pas la dévotion, elles l'alimentent, elles soutiennent le sentiment intérieur et donnent à nos affections surnaturelles je ne sais quoi de plus touchant. C'était merveille que dans une vie aussi occupée que l'était la sienne, il y eût place pour remplir le règlement de certaines associations, par exemple pour réciter le rosaire à peu près chaque jour, pour faire son heure d'adoration devant le Très-Saint-Sacrement chaque semaine. Il se serait fait scrupule de ne pas retourner dans la journée passer au moins quelques minutes en adoration devant Jésus-Hostie qui s'était donné à lui le matin. Il avait aussi ses Saints de prédilection, aimant à posséder leur statue dans sa chambre, à leur adresser tous les jours une petite prière, à les choisir à tour de rôle comme protecteurs de l'année et à les donner comme tels aux chères âmes qu'il dirigeait. C'était par exemple la très sainte Vierge, pour laquelle sa tendresse et sa confiance filiale étaient sans bornes, saint Joseph, saint Jean l'évangéliste, son patron, des Saints vierges généralement, puis les mystiques, les saintes voyantes du Moyen-Age, sainte Gertrude, sainte Catherine de Sienne surtout, dont les lettres faisaient ses délices.

Son âme, d'une foi si naïve, se plaisait aux merveilles dont la vie des Saints est remplie : « Je vous trouve sévère dans votre appréciation du premier volume de sainte Catherine de Sienne, écrit-il à une de ses pénitentes. Pour moi, je vous assure que les faits merveilleux de cette biographie ne m'étonnent pas ; encore moins me scandalisent-ils. Je comprends si bien ces rapports intimes et étranges entre Dieu et ses Saints ! Quand une âme a résolument tout donné à Dieu, Dieu lui donne tout aussi, et alors les relations entre le Créateur et la créature prennent des formes que nos pauvres âmes ne soupçonnent guère. »

C'est dans le même ordre d'idées qu'il étudiait la question des stigmatisées. Il était le premier à reconnaître qu'il y faut beaucoup de prudence et de réserve, que dans ces états extraordinaires, les preuves ne sont jamais trop nombreuses et que l'on risque souvent d'être trompé. Mais un sentiment de respectueuse sympathie le portait vers ces âmes prédestinées, que le divin Maître s'est choisies pour être la représentation vivante de sa Passion et qu'il comble de croix et de caresses, comme disait sainte Thérèse. Plus d'une fois, il lui arriva de faire un long voyage pour voir, ici ou là, une stigmatisée, et s'il n'en revenait pas toujours absolument convaincu du caractère surnaturel et divin des stigmates, du moins il était heureux d'avoir approché une âme toute dévorée de l'amour de Jésus et souffrant avec Lui, comme victime des crimes des pécheurs.

Et lui-même travaillait à resserrer de plus en plus son union intime avec le divin Maître. C'est l'honneur d'une âme sacerdotale de répondre généreusement aux appels de perfection que Dieu lui fait entendre, de viser à autre chose qu'à l'honnêteté d'une vertu commune, sans écart comme sans élan, et de ne se tenir pour satisfaite que lorsqu'au prix des efforts les plus persévérants et les plus héroïques, elle est parvenue à se rapprocher le plus possible de la sainteté du Prêtre éternel, Notre-Seigneur Jésus-Christ.

En même temps que son cœur s'élevait vers Dieu dans ces ascensions continues de sa piété sacerdotale, l'abbé Buathier se donnait avec un zèle de plus en plus généreux aux âmes qui lui étaient confiées. Dès le premier contact avec elles, il s'était senti pénétré de respect et d'amour, et sous l'humilité de leur condition, il appréciait souverainement la distinction et la noblesse de sentiment que leur inspirait la foi. « J'espère que cette journée aura été celle de Notre-Seigneur, écrit-il la veille de la Toussaint, dès la première année de son ministère à Buellas. J'ai vécu avec les âmes de ma paroisse, essayant de leur faire un peu de bien. J'aime ces âmes simples ; dans le nombre, j'en ai trouvé de très édifiantes et de fort délicates, des mères de famille vraiment chrétiennes. Ce m'est une joie si grande ! Inutile de vous dire qu'aujourd'hui, demain et après demain, saint Paul chôme ! Je suis directement aux âmes... et aux sermons ! »

Et l'année d'après, à la suite d'un Jubilé qui a coïncidé avec cette même fête de la Toussaint et pendant lequel il s'est dépensé, comme toujours, sans compter : « Dieu a daigné bénir ces quelques efforts, ému sans doute par les prières qui lui étaient faites pour Buellas et son pasteur. Mon impression générale est bonne, les confessions sont mieux faites, avec plus de foi, avec plus de sincérité ; notre clôture aujourd'hui a été fort belle et fort touchante. Tout n'est pas parfait cependant. Hélas ! rien n'est douloureux comme de se dire parfois avec un doute affreux : J'absous, et peut-être Dieu condamne !...

« Au moment où je vous écris, nos cloches sonnent le glas. Cela dure la moitié de la nuit, et toutes ces cloches qui pleurent vont à l'âme. Partout, dans la campagne, on entend cet appel au souvenir et à la prière. Je pense à tous mes chers morts. *Beati mortui qui in Domino moriuntur.* »

Conformément à l'exemple et au conseil de saint Paul, il s'applique spécialement au ministère de la parole de Dieu. Par la nature de son esprit, il est porté vers les questions élevées, et il voudrait étudier avec son modeste auditoire de campagne les plus hauts mystères de la foi chrétienne. « Je viens d'achever un sermon sur la grâce sanctifiante, écrit-il à un de ses amis. C'est le prélude d'une série d'instructions que je veux faire sur les Sacrements. Ce sujet de la grâce m'a toujours grandement attiré ; c'est un mystère plein de charme que cette vie de Dieu qui s'infuse dans notre vie, qui nous déifie, qui nous rend aptes aux actes divins, en attendant quelle nous rende aptes à la gloire céleste. Mais j'avoue que c'est là un sujet fort difficile à exposer clairement. Peut-être est-ce la raison qui fait qu'on le traite si rarement. Et pourtant l'on ne comprend rien à la vie surnaturelle sans une connaissance au moins élémentaire de la grâce et de ses opérations dans les âmes. Mes braves gens de Buellas comprendront-ils leur curé ? Je ne sais, il faut pour ces esprits peu cultivés une grande simplicité, beaucoup de clarté, choses difficiles. »

Du reste, il sait proportionner son enseignement à l'intelligence de ses auditeurs, sa prédication veut être avant tout sérieuse et pratique, il prêche souvent les grandes vérités, le salut, le péché, la mort, le jugement, l'enfer, et maintes fois il lui arrive de toucher les cœurs et de ramener au bien quelque pauvre pécheur endurci. Quelle joie, lorsque la Providence ménage cette consolation à son dévouement pastoral ! Pendant plusieurs jours il en a l'âme tout ensoleillée. D'ailleurs aussi doux et patient que zélé, il penche en toute chose vers la saine modération et s'interdit sévèrement tout excès de langage ; il se souvient qu'il sert un Maître dont il a été dit qu'il ne détache point le roseau à moitié brisé et qu'il n'éteint point la mèche qui fume encore. Un jour, il a préparé une instruction sur la question très importante des écoles et du catéchisme ; le tout lui paraît convenable, utile à dire ; mais au dernier moment, à la suite de la petite prière qu'il ne manque jamais de faire pour appeler la bénédiction de Dieu sur sa parole, il s'avise que certaines considérations qui lui avaient plu beaucoup de prime abord, seraient de nature à blesser quelques-uns de ses paroissiens. A l'instant il décide de supprimer le passage : il veut être ferme, mais non cassant.

La bonté ! la bonté toujours ! C'est sa maxime favorite et le principe auquel il obéit dans ses relations avec ses paroissiens ; par là il ravit leur cœur. « Les familles désirent vivement ma visite, lui échappe-t-il de dire dans une lettre, et ce serait bien mal de les en priver ». En fait, sitôt qu'il apprenait que quelqu'un de ses paroissiens était dans la peine, il arrivait à lui, le cœur débordant d'affection et de pitié ; c'était comme un rayon de la bonté de Dieu que l'on croyait voir entrer dans la maison, avec le doux sourire et les consolantes paroles de M. le Curé. Il avait quelques notions de médecine, tenait une petite pharmacie pour les pauvres gens, en sorte qu'il rendait parfois de grands services aux malades ; mais ce que l'on préférait même aux remèdes, c'était sa présence, sa parole, son cœur.

Nulle maison ne lui est chère comme la maison de Dieu. Il aime son humble église de village qui, à quelques pas du presbytère, se dresse avec son joli clocher roman et sa flèche élégante, sur le tertre béni où dorment, à l'ombre de la croix, tant de générations évanouies. Mais l'intérieur est noirci par la main du temps, partout des dégradations, un air de ruine et de misère, sur la voûte du

chœur de grossières peintures avec des figures étranges, à moitié effacées. Que de fois,
en faisant sa visite au Saint-Sacrement, il
s'est dit qu'il ne convient point de laisser
dans un tel état de dénuement la demeure
de Jésus-Hostie ! Le pays est pauvre, la
fabrique est sans ressources, sa bourse à
lui-même est vide ; il vient de faire ériger
une superbe croix à l'entrée du village, pour
remplacer l'ancienne qui tombait de vétusté ;
à part une cinquantaine de francs qui lui ont
été donnés, c'est lui qui en a supporté tous
les frais. Mais la question d'argent n'existe
pas pour lui, lorsqu'il s'agit de la décence
du saint lieu. C'est décidé, il fera les travaux
nécessaires et s'en remettra pour le reste à la
Providence. Par ses soins, des peintures
fraîches rajeunissent le sanctuaire, les vieilles
colonnes qui forment autour de l'autel comme
une guirlande de pierre sont marbrées, l'or
est jeté à profusion sur les antiques chapiteaux romans. Grâce à cet éclat de l'or qui
resplendit partout, grâce aux couleurs tendres
répandues sur la voûte et sur les murs, la

lumière qui arrive par quatre fenêtres fuyantes, creusées dans un mur épais, suffit maintenant pour éclairer tous les détails de l'abside. Dans le reste de l'église, tout est peint à neuf, et le vieux plafond en bois et à compartiments brille d'un éclat tout nouveau sur la tête des fidèles émerveillés. Sur la muraille, un chemin de croix neuf leur raconte en scènes saisissantes les souffrances de Jésus, et aux deux chapelles, la statue du Sacré Cœur et celle de Notre-Dame de Lourdes leur rappelleront désormais les deux dévotions que leur zélé pasteur aime tant à leur prêcher.

Il avait dépensé sans compter pour donner à son église cette fraîche parure ; jusqu'à sa mort il porta le poids des dettes contractées à cette occasion ; mais les angoisses qui lui vinrent de cette pieuse prodigalité ne furent pas sans quelque douceur, car, à plus d'un titre, il pouvait se dire le pauvre de Jésus-Christ. « Je continue à surveiller les grands travaux de mon église, écrivait-il, quelques jours avant l'achèvement de l'œuvre entreprise. Ce sera bien beau, mais aussi bien cher, et c'est en outre bien long. Je me dis que Notre-Seigneur sera honoré et qu'il aura pitié de moi. Il daignera, je l'espère, me donner une petite place au paradis, puisque je lui offre une petite église gracieuse sur la terre. »

Vœu de piété filiale et de confiance naïve, que Notre-Seigneur sans doute n'aura point rejeté ! Si les exigences de la sainteté de Dieu sont d'une délicatesse redoutable, si elles doivent maintenir notre âme dans la crainte et le tremblement, tant que l'œuvre de notre salut n'est point achevée, les plans de sa miséricorde pour nous assurer le bonheur du Ciel sont d'une tendresse adorable ; rien de ce que nous faisons pour Lui n'est perdu, il nous le rend au centuple. En particulier, il a daigné promettre à ceux qui propagent la dévotion au Sacré Cœur qu'ils auront leur nom inscrit dans ce Cœur divin et qu'il n'en sera jamais effacé. Quel miséricordieux accueil n'a-t-il point dû faire au prêtre pieux qui a tant travaillé à lui ramener les pauvres pêcheurs, à lui assurer de la part des âmes ferventes des hommages et des sacrifices plus généreux, enfin à faire connaître, aimer, glorifier partout le Sacré Cœur par la diffusion de sa chère Garde d'honneur !

Pendant plusieurs années, de 1882 à 1885, il fut question de confier à l'abbé Buathier la direction du *Bulletin*, avec séjour à Bourg, en qualité d'aumônier du petit hospice des Incurables. Et à vrai dire, ce projet lui souriait fort ; le ministère paroissial lui imposait des fatigues excessives ; souvent malade pendant l'hiver, épuisé par ses hémorragies, réduit parfois à ne pouvoir sortir de sa chambre, il lui fallait un courage surhumain pour mener de front ses devoirs de position et ses travaux intellectuels. A Bourg, il n'aurait eu qu'un petit groupe d'âmes à diriger, et, dispensé de toute peine physique, de toute préoccupation morale trop grave, il aurait pu consacrer entièrement son temps et ses forces à l'Œuvre qui lui était chère.

Or, précisément parce qu'il trouvait dans ce changement de situation ses convenances personnelles, il s'interdisait d'y rêver. « J'ai instinctivement peur de désirer quelque chose, écrivait-il à ce propos. Plus je vais, plus je sens que partout l'important est de faire la volonté de Dieu et de devenir saint. Dès lors, savez-vous ce que j'ai envie de faire ? Ne rien dire, attendre, et si je suis nommé, aller. N'est-ce pas plus surnaturel ? Puisque ma petite barque ne va jamais bien du côté où je la pousse, je vais la laisser pousser par le souffle de la Providence, tout simplement. »

Les choses traînèrent en longueur, puis le projet fut abandonné. L'abbé Buathier ne devait venir aux Incurables qne pour y mourir.

Ramené à la perspective de rester plusieurs années encore à Buellas, le pieux curé s'en accommoda avec l'heureux et filial abandon à la Providence qui lui était familier. Il avait pour principe de se laisser conduire à la douce volonté de Dieu, manifestée par celle de ses supérieurs, et il aimait à reconnaître, qu'en dépit des lassitudes et des tristesses inséparables du ministère paroissial, malgré les aspirations ardentes, élevées, qu'il avait dû plus d'une fois refouler au fond de son cœur, la part qui lui avait été faite dans la vie était bonne, puisqu'il lui était donné d'agir sur les âmes, même sans les voir, d'aimer Notre-Seigneur dans son petit village perdu et de le faire aimer par d'autres au loin, dans le monde entier. Sa solitude n'était pas l'isolement ; chaque matin, les lettres de ses amis y provoquaient un échange d'idées et une réciprocité d'affections qui embaumaient toute sa journée ; puis il avait ses livres, ses chers livres, pleins des merveilles de la sagesse divine et des trésors de la pensée humaine, dans lesquels chaque jour il venait puiser si largement, et son âme vibrait à toute parole qui lui rappelait l'amour de Jésus. En veut-on un exemple choisi entre mille ? « Dans un livre sur le Père Faber par Léon Gauthier, dit-il un jour, se trouvent d'admirables pages qui m'entrent jusqu'au cœur. Hier, en particulier, j'en ai lu une sur le couronnement d'épines, qui m'a fait frémir et m'a poussé à me mettre à genoux pour adorer et aimer le Crucifié. »

Il avait surtout la société de ses parents, avec lesquels il lui était si doux de prier, de deviser après le repas du soir, de partager ses joies et ses peines !

M. Buathier père avait conservé, à Buellas, la direction d'une Compagnie d'assurances, qui lui avait été confiée lorsqu'il s'était retiré à Bourg. Cet emploi qui lui permettait d'ajouter quelques ressources à sa modique pension de retraite et de venir en aide aux besoins de sa famille, lui imposait, outre de fréquents voyages au siège de la Compagnie, un travail d'écriture bien lourd pour son grand âge et ses infirmités. La plume rapide de son fils faisait le plus souvent la plus grande part de la besogne. Quant à Mme Buathier, elle ne s'était jamais remise de l'accident qui l'avait privée de l'usage de ses jambes. Calme, résignée, toujours le chapelet à la main, le sourire aux lèvres, elle apportait à la vie de la maison, le secours de ses souffrances, et ces dernières ne lui étaient point ménagées. Chaque année, elle payait tribut à la maladie, et il y eut des hivers où on la crut à deux doigts de sa perte.

« Ma bonne mère est bien malade, écrit l'abbé Buathier en février 1884. Je vous prie de penser souvent à elle devant Dieu. Tout me fait craindre un malheur. Vous ne savez pas à quel point cette mère est bonne ; elle a toujours été le dévouement même. Oh ! si le bon Dieu voulait me la laisser encore quelques années ! »

L'année suivante, à la même époque, ses appréhensions filiales recommencent plus vives encore. « Ma bonne mère est bien souffrante, elle décline tous les jours et ne sort plus du lit. Oh ! priez bien pour elle. J'entrevois un deuil affreux. C'est là surtout que j'ai besoin de redire : *Fiat voluntas tua !* »

Dieu lui laissa sa mère encore quelque temps, mais l'épreuve retardée ne devait pas être moins dure.

Sitôt que ces alertes étaient passées, l'abbé Buathier revenait avec bonheur à sa vie régulière et calme, entre le travail et la prière.

Le règlement avait pour lui de singuliers attraits. « Le Maître, disait-il, qui sait combien peu je suis vaillant et qui est toute condescendance, permet que je trouve dans cette régularité une vraie jouissance, je ne sais quoi de bon au point de vue naturel, qui aide puissamment le principe surnaturel... Si vous saviez combien je suis aise de cette régularité ! Est-ce égoïsme ? Est-ce soif de repos ? Est-ce amour de la règle ? Tout un peu, assurément, tout me fait aimer les journées pleines et paisibles. Si la douce Providence, qui m'a si souvent gâté, le veut bien, je passerai ainsi mon hiver avec la blanche neige au dehors, le coin du feu à côté, les livres pas loin et le divin Maître au dedans. »

C'est toujours sa vieille devise : Dieu, les livres... et les amis ! A Dieu les premières heures de la journée, puis, un peu plus tard, avec l'arrivée du facteur, la visite des âmes aimées, auxquelles il répond de suite avec son cœur de prêtre ; et enfin le soir, les soirées d'hiver surtout, à la clarté de sa petite lampe, il travaille pour le *Bulletin*, il écrit

son livre du *Sacrifice*. Car l'amitié aidant,
suivant sa propre expression, il s'est familiarisé avec l'idée de faire un livre ; il n'avait
prétendu tout d'abord que composer quelques articles de revue ; mais son sujet s'est
élargi à mesure qu'il l'étudiait, et voilà l'auteur en présence d'un manuscrit qui ferait la
matière d'un volume.

Pourtant, jusqu'au dernier moment, il
hésite : « Ce travail pourra-t-il s'achever,
écrit-il à la fin de 1884 ? Je ne sais ; chaque
jour je fais des retouches, profitant de mes
lectures et de mes méditations. Les quatre
chapitres qui restent à écrire me demandent
beaucoup de travail, et j'en fais si peu ! Ma
santé peu vaillante, l'aide que je dois et que
je donne à mon père, le ministère pastoral,
voilà tout autant de raisons qui m'entravent.
Du reste rien ne presse. Souvent même je me
demande si mon étude vaut la peine d'être
publiée. Le sujet est si vaste, si difficile et si
beau ! L'auteur est si peu à la hauteur de la
tâche ! »

De toute part on lui écrit pour vaincre ses

hésitations et ses défiances. Les lecteurs du *Bulletin* n'ont pas marchandé leur admiration aux articles qui ont paru, ils attendent le livre. Un de ses amis vient de réunir en volume des pages publiées ainsi de mois en mois par le journal, et ce volume a du succès, bien que ce ne soit qu'une simple biographie de jeune fille. Que sera-ce du *Sacrifice* dont le sujet est si élevé, l'intérêt si puissant et à l'adresse de tous ceux qui veulent aimer Notre-Seigneur !

Il finit par se rendre aux sollicitations de l'amitié, il se risquera à faire imprimer *un livre*. Mais encore de quelles précautions, de quels conseils il s'entoure ! Lui, bien supérieur, comme écrivain, à tous ses amis, il prend leurs avis, et il les suit avec une parfaite modestie. « Je t'envoie mon avant-propos revu, corrigé et allégé de trois pages, écrit-il, à la date du 25 juillet 1885, à un ami intime que le lecteur reconnaîtra peut-être. Cet allègement n'est pas sans me coûter quelque chose ; c'est un *sacrifice* de plus dans le volume. Mais au fond, tu as raison, et la digression sur l'utilité des études religieuses était un hors-d'œuvre. Je la mettrai, au moins en partie, dans le chapitre sur la Foi.

« Relis avec soin cette nouvelle rédaction. J'ai insisté, comme nous en étions convenus, sur l'affadissement des âmes, même des âmes qui se disent pieuses !.... Avise, ajoute, retranche, modifie à ta guise. Tes bons conseils d'ami me sont très précieux, et tu vois que je ne les demande pas pour la forme, puisque je les suis, même quand ils me gênent. »

Dans le laisser aller de cette intimité toute fraternelle, comme l'abbé Buathier apparaît dégagé de lui-même, défiant de ses propres forces, charmant enfin d'humilité et de modestie! Du reste, avant de publier son travail, il le soumit à trois ecclésiastiques, et de chacun d'eux il sollicitait, au nom de la charité, soit pour le fond, soit pour la forme, toutes les corrections qui seraient jugées convenables.

Au moment décisif, la question pécuniaire ajoute ses préoccupations à celles des dernières corrections à faire. C'est pitié qu'un livre de telle valeur ait failli ne point paraître, faute d'argent pour en payer l'impression ! Grâce à l'obligeance d'un ami, peu fortuné lui-même, qui offrit spontanément une petite avance de fonds, grâce également à la largeur d'esprit de l'éditeur auquel l'abbé Buathier s'adressa (1), ces dernières difficultés furent aplanies, le travail fut livré à l'imprimeur, et le jeune écrivain attendit, en s'abandonnant comme toujours à la douce Providence.

Un mois après, les premiers jours de décembre 1885, on vit paraître à Lyon un livre d'aspect flatteur, de belle impression, avec ce titre : *Le Sacrifice dans le dogme catholique et dans la vie chrétienne.* Il était précédé d'une approbation épiscopale strictement officielle, mais le rapport du prêtre distingué qui l'avait examiné faisait ressortir son mérite, tout en indiquant le fond et le plan de l'ouvrage. « Dans la première partie, qui est surtout

------

(1) M. Vitte, libraire-éditeur, à Lyon.

dogmatique, l'auteur résume et met à la portée de tous les lecteurs la doctrine des théologiens et des mystiques, autant du moins que son but le comportait ; et en exposant ces questions si élevées et parfois si délicates, il a su rester toujours clair et intéressant, sans cesser jamais d'être exact.

« Et après avoir ainsi donné une base solide au sacrifice dans la vie chrétienne et en avoir indiqué le principe et le modèle, il prend l'homme dans les situations les plus diverses, dans sa vie personnelle, domestique, civile, sociale, politique, et il montre comme *l'esprit de sacrifice*, puisé à sa double source, la croix et l'autel, pénètre peu à peu son intelligence, sa volonté, ses sens, pour le guérir de ses faiblesses originelles, l'élever au-dessus de lui-même et le rendre vrai disciple du divin Crucifié. Il y a là de belles et fortes leçons pour notre société égoïste et sensuelle, leçons d'autant plus efficaces qu'elles sont toujours données avec délicatesse et charité. Alors même qu'elles gardent nécessairement quelque chose de l'austérité du Calvaire, les charmes du style, tout embaumé des paroles de la Sainte Écriture et tout émaillé des plus heureuses citations des classiques anciens et modernes, les font rechercher et goûter.

« Ce livre fait honneur au talent et à la piété du jeune prêtre qui l'a écrit. »

Les livres ont leur destinée ; il fut donné à celui-ci d'entrer dès le premier jour dans la vie intime des âmes vraiment pieuses et de provoquer leur générosité, en leur proposant comme modèle la générosité divine du Cœur de Jésus crucifié. Plus d'une fois sans doute elles avaient médité le sacrifice du Rédempteur et les applications pratiques qui en découlent ; mais les perceptions isolées, flottantes, qu'elles en avaient, se rattachaient à la doctrine catholique par des affinités dont elles n'avaient point scruté l'origine et les liens. Ce livre, et à ce point de vue, il était absolument nouveau, établissait la synthèse du sacrifice chrétien, il coordonnait ces matériaux épars et les faisait cadrer harmonieusement dans un plan aussi naturel que vaste, où se rencontraient à leur place respective le dogme et la morale (1). Maître de sa phrase

(1) Comme le meilleur moyen de donner une idée des questions traitées dans un ouvrage est de mettre sous les yeux du lecteur la table des matières, nous indiquons ici le titre des chapitres du livre de M. Buathier.

PREMIÈRE PARTIE

Le Sacrifice dans le dogme catholique

I Idée générale du Sacrifice.
II Le Sacrifice avant la chute.
III Le Sacrifice après la chute.
VI Le Sacrifice de la Croix.
V Le Calvaire et la Croix.
VI Le Sacrifice eucharistique, *mémorial* du sacrifice de la Croix.
VII Le Sacrifice eucharistique, *reproduction* du sacrifice de la Croix, et sacrifice réel.
VIII Le Sacrifice eucharistique, *application* du sacrifice de la Croix.
IX Le Sacrifice au Ciel.
X Le Sacrifice et le Sacré Cœur.
XI Le Sacrifice et la très sainte Vierge.

DEUXIÈME PARTIE

Le Sacrifice dans la vie chrétienne

XII Le Sacrifice et la vie chrétienne.
XIII Le Sacrifice et la foi.
XIV Le Sacrifice et l'espérance.
XV Le Sacrifice et l'amour.
XVI Le Sacrifice et la volonté.
XVII Le Sacrifice et les sens.
XVIII Le Sacrifice et la mort.
XIX Le Sacrifice et la famille.
XX Le Sacrifice et la société.
XXI Le Sacrifice et le bonheur.

Le livre du Sacrifice *est édité actuellement par la librairie Beauchêne, rue de Rennes, 83, Paris.*

comme de son sujet, le jeune auteur savait condenser ses idées en un style imagé et nerveux, assez élevé et nourri d'Ecriture sainte pour être goûté par les âmes les plus initiées à la vie mystique, assez simple et assez clair pour être compris même de la foule chrétienne. En un mot, il se révélait penseur et écrivain, et pour son début il offrait au public une œuvre par laquelle des maîtres seraient heureux de finir.

C'était la pensée qu'exprimait, trois mois après, un vénérable ecclésiastique, vicaire général de Limoges, dans une lettre qu'il écrivait à l'Evêché de Belley : « Je ne puis croire, disait-il, et beaucoup d'autres avec moi, nous ne pouvons croire que le livre intitulé *Le Sacrifice* soit le début de l'auteur dont il porte le nom. Cette doctrine, ce style sont d'un maître. On se rappelle de Maistre, Mgr Gerbet, Mgr Pie, Lacordaire, Veuillot, Mgr Gay... Et certes, de ces grands défenseurs de notre sainte religion, aucun n'a commencé avec un pareil éclat. Il faudra signaler ce livre ; je le déclarerai pour mon compte un évènement. »

Les plus illustres suffrages ne tardèrent pas à confirmer cette opinion. Mgr Mermillod écrivait au jeune auteur pour le louer « d'avoir su faire jaillir du dogme les conséquences morales et les ascensions de la vie mystique et d'avoir résolu avec un grand charme littéraire les questions les plus abstraites ». Mgr Turinaz, l'éloquent évêque de Nancy, lui écrivait à son tour « J'ai souvent parlé des mérites de votre ouvrage. J'en ai recommandé la lecture dans plusieurs assemblées pieuses, je l'ai fait lire autour de moi. Partout il a été apprécié et loué ; partout il a répandu dans les âmes la lumière, la force et la grâce de Dieu... Votre style a des qualités précieuses. Je dirai volontiers que, dans un premier ouvrage, il révèle des qualités vraiment supérieures. Il unit la précision à l'élégance, la fermeté et l'ardeur à une constante élévation.

« Le succès que vous avez obtenu est la manifestation d'une vocation à laquelle vous devez répondre. On me dit que vous êtes jeune. Travaillez beaucoup ; ayez la sainte ambition de servir dignement la vérité et la justice, Dieu et son Eglise. Etudiez, dans les sources les plus sûres et les plus élevées, les sujets que vous avez choisis ; mettez toujours dans chacune de vos pages, votre cœur avec votre intelligence, toute votre âme de prêtre et d'apôtre ; c'est la plus puissante et la plus éloquente inspiration. »

« Que Dieu vous récompense du bien que vous avez fait ; qu'il bénisse votre personne, vos travaux et vos œuvres ! »

Mgr Gay, qui est sans contredit le premier auteur mystique de notre siècle, le cardinal Bourret juge si compétent en ces matières, le cardinal Perraud, dont le témoignage a d'autant plus de valeur qu'il ne se donne qu'à des livres d'un haut mérite, ne furent pas moins élogieux dans les lettres qu'ils adressèrent d'eux-mêmes au jeune écrivain.

A toutes ces félicitations s'ajouta pour lui, quelque temps après, le témoignage auquel un cœur de prêtre tient le plus, celui de son Evêque. Voici, en effet, la lettre que lui écrivait Mgr Luçon, évêque de Belley, quelques

mois à peine après son arrivée dans le
diocèse de Belley.

BIEN CHER MONSIEUR LE CURÉ,

« J'ai lu avec autant de plaisir que d'édification votre beau livre sur le *Sacrifice*, et
je ne suis point surpris des éloges si hono-
rables qu'il vous a valus, ni du succès dont
le public l'a honoré. Vous avez su traiter ce
sujet sublime avec une hauteur de pensées,
une élévation de sentiments, une noblesse de
langage, dignes de lui. C'est un poème, un
chant, où la théologie, le cœur, l'imagina-
tion font entendre leurs voix dans un accord
parfait.

« Bien que nourri d'heureuses citations,
ce livre est de vous. Il sort vivant de votre
intelligence et de votre cœur ; il a bien germé
dans le sol de votre âme, avant de s'épanouir
sous votre plume, dans les belles pages qui
nous font jouir de vos méditations. Les
vérités les plus hautes sont mises à la portée
de tous par la clarté de l'exposition, et les

charmes d'un style facile autant qu'élevé entraînent agréablement le lecteur, qui trouve avoir à faire un *sacrifice*, chaque fois qu'il est obligé de s'arrêter.

« Mais le mérite littéraire n'est pas le seul ni le principal de votre ouvrage. Vous avez, je crois, réussi à faire aimer votre sujet. Sans rien enlever au sacrifice de sa religieuse austérité, vous le peignez sous des couleurs et avec des traits si justes, qu'en le faisant admirer, vous le faites aussi aimer et vous conduisez à l'embrasser. On se sent incliné doucement, mais puissamment, à accepter avec plus de générosité les peines, les épreuves, le sacrifice en un mot, sous quelque forme qu'il se présente.

« Nul doute que tel ne soit pour bien des âmes le résultat pratique de la lecture de votre pieux ouvrage, comme telle sera, par là même, la plus précieuse récompense de vos travaux et de vos veilles, celle que votre âme sacerdotale a le plus désirée.

« Quand on a lu le *Sacrifice*, on s'estime heureux de connaître l'auteur pour le remer-

cier et le féliciter ; et c'est ce que je fais, bien cher Monsieur le Curé, du meilleur de mon cœur. »   † Louis-Joseph,
                                    Evêque de Belley.

Du reste ce n'était pas seulement de l'épiscopat que venaient à M. Buathier des témoignages précieux d'estime et d'admiration. Des écrivains en renom, M. Charles Buet, M. Paul Thureau-Dangin, faisaient de son livre les plus grands éloges. « Beau livre de fond, de pensée et de style, écrivait M. Edmond Biré. Il n'est pas nécessaire d'en lire de longues pages pour reconnaître que l'abbé Buathier est un écrivain de grand talent. »

Et un homme de haute valeur morale, M. d'Orgeval-Dubouchet, ancien magistrat, lui-même écrivain très apprécié, disait dans une lettre à l'humble curé de Buellas, hier encore inconnu : « C'est un poème de marbre et d'or ; c'est Brou en prose. Je ne sais ce qui me ravit le plus, de votre style harmonieux où je ne trouve pas une tache, de l'élévation de vos pensées, de la merveilleuse assimilation de citations exquises, qui viennent s'enchâsser d'elles-mêmes, comme autant de pierres précieuses, dans votre travail, car toutes ces qualités se fondent dans une harmonie parfaite qui révèle un des plus nobles cœurs et des plus grands talents de notre époque. »

Il y avait de quoi ébranler la vertu d'humilité la plus ferme. Pour lui, sous ce rayon de gloire qui venait le visiter dans son pauvre presbytère de Buellas, il resta humble et modeste et continua de remplir son ministère de petit curé de campagne avec la même simplicité gracieuse qu'auparavant. Les paroissiens de Buellas étaient fiers de la célébrité inattendue qui, par leur curé, s'attachait à leur pays, et il n'était pas jusqu'à M. et à Mme Buathier, qui tout en remerciant Dieu, n'aimassent à se réjouir du succès de leur fils. Quant à lui, heureux de leur bonheur, goûtant la joie de ne plus être harcelé par la besogne excessive des derniers mois et de pouvoir se donner davantage à ses chères âmes, il bénissait Notre-Seigneur d'avoir bien voulu instruire, édifier, consoler par son faible intermédiaire.

« Ce que vous me dites du bien que fait mon livre me rend heureux, écrit-il à une personne inconnue qui le félicitait. Etre utile aux âmes est le grand but du sacerdoce. Et Notre-Seigneur est infiniment bon pour moi, en permettant que mon pauvre livre soit une consolation et une force pour quelques âmes. »

A une autre quelques jours après : « La consolation que la Providence vous a fait trouver dans mon livre est pour moi une très douce récompense. Lorsqu'un prêtre prend la plume, il ne songe qu'à Dieu et aux âmes, à Dieu pour le glorifier, aux âmes pour les sanctifier et les soutenir. Heureux quand il parvient à son but ! Je vous suis donc très reconnaissant d'être venue me dire l'impression salutaire que vous a causée mon livre. Notre-Seigneur, vous le voyez, se sert de tous les instruments, même des plus faibles, pour opérer son œuvre dans les âmes. »

Cette œuvre s'est opérée en effet dans les plus larges et les plus consolantes conditions. Depuis un peu plus de quinze ans, vingt mille exemplaires du *Sacrifice* ont pénétré dans toutes les classes de la société chrétienne, sans compter les traductions en langues étrangères : succès énorme pour un sujet aussi sérieux. Nous avons vu le livre entre les mains de simples ouvrières, qui, avec cette élévation de pensées que donne la foi, se délectaient à la lecture de ces pages pleines de doctrine et d'onction.

Une récompense à laquelle M. Buathier ne s'attendait pas et qui lui fut souverainement douce, ce fut de voir le *Sacrifice* pénétrer même chez nos frères séparés et y faire quelque bien. Son livre l'avait mis en rapport avec un Pasteur protestant, âme droite, avide de lumière chrétienne, mais pénétrée de ce préjugé trop commun chez eux, que des divergences dans le *Credo*, des nuances, comme ils disent, fussent-elles accompagnées du doute, ne nuisent en rien à l'unité de foi et de charité dans le Christ.

Deux des lettres de M. M..., que nous aimons à citer, diront du moins quelle profonde et respectueuse sympathie l'auteur du *Sacrifice* lui avait inspirée.

V... le 2 mai 1894.

Monsieur le Chanoine,

Je viens de terminer la lecture du *Sacrifice*. J'ai lu, plume en main, marquant, soulignant, savourant les pensées et les enseignements qui me frappaient le plus. Je suis, à l'heure qu'il est, sous le coup d'une impression profonde. Je n'ai ni l'autorité voulue, ni la science requise, pour me permettre de juger un tel livre ; je n'aurai point l'impertinence d'en faire l'éloge. Que vous dirai-je donc, Monsieur le Chanoine ? Ce que je vous dirai, c'est que vos pages m'ont instruit, édifié, humilié, consolé, ravi. Je vais les relire, je souhaite m'en nourrir et m'en servir pour me sanctifier ; elles m'ont fait salutairement rougir de moi-même, et j'ai plus d'une fois versé de douces larmes en les soulignant.

« Je ne puis que vous dire merci. C'est bien froidement dit, cela. Et cependant mon cœur est pénétré d'une vive reconnaissance pour vous. Vous m'avez fait un bien immense. Voilà le vrai ! Je prie Dieu de me faire la grâce de ne pas laisser s'éteindre en moi l'édification que je viens d'éprouver. Joignez vos prières aux miennes, pour que je ne sois pas léger et oublieux à l'égard des leçons que j'ai reçues. J'ose vous demander cette faveur.

« En vous lisant, comme j'ai senti la vérité de cette parole apostolique : « Il y a une seule foi ! » Je me sentais en communion de souffrance et de joie, de tristesse et d'espérance, avec vous, Monsieur... Il y a tant de choses divines qui nous unissent que rien ne peut nous séparer, du moins pour le Ciel.

« Que notre bon Dieu et Père, auteur de tout don parfait, vous rétablisse, qu'il vous conserve, honoré Monsieur et Frère bien-aimé ! C'est la prière de mon cœur après tout le bien que vous venez de faire à mon âme. Oui, je crois que vous m'avez appris comment je pouvais mieux prouver à Jésus combien je l'aime. Ah ! que ne puis-je, en effet, faire dater de votre livre un progrès de mon âme dans son obéissance à Jésus, dans une conformité plus grande avec son caractère !... »

De telles âmes, semble-t-il, n'auraient qu'un pas à faire pour arriver à la pleine lumière. Daigne Jésus leur donner la foi ! Mais que les bons chrétiens veuillent bien les aider du secours d'une bonne prière !

Citons encore une autre lettre. Ce fut la dernière que l'abbé Buathier reçut de M. M... c'était deux mois avant sa mort.

MONSIEUR LE CHANOINE,

Je me permets de vous adresser ces lignes, mais ne vous préoccupez pas d'y répondre jusqu'à ce que vous soyez revenu à la santé. Jésus m'a dit ce que vous aviez dans le cœur pour moi, et j'en suis aussi honoré que confus.

J'ai fait lire votre admirable livre sur le Sacrifice à mon collègue de V...; il en a été ému! C'est un Nathanaël, mais il est encore un peu trop « huguenot », pour voir les choses dans leur vrai et calme point de vue. Je sens qu'en restant où je suis je vous fais de la peine. Et cependant comme je me sens uni à vous, cher et illustre frère! Et cela pour l'éternité, en dépit des obstacles et des barrières que Satan et l'homme ont dressés! Comme je sens que nous sommes *Un!*...

Honneur et paix, bénédiction, force et joie vous soient donnés de la part de Dieu et de Notre-Seigneur Jésus-Christ, Monsieur le Chanoine! C'est le vœu de mon cœur.

Veuillez agréer, je vous prie, Monsieur et très vénéré Père et Frère en Christ, l'expression de mes sentiments de respect et d'affection dévouée.

A. M. pasteur.

Si courte que soit la vie d'un prêtre, quand il a pu atteindre ainsi, dans les directions les plus opposées, des âmes, des milliers d'âmes inquiètes, troublées, découragées, ou ce qui est pire, hors de leur voie, quand il a eu le bonheur ou de les ramener doucement vers le chemin de la vérité ou de leur rendre la paix, la force, un sincère amour du Dieu qui est mort pour nous sur la Croix, avec la disposition généreuse de surmonter coûte que coûte les peines du devoir et de vouloir reproduire en soi, dans les contradictions journalières, dans la douleur des plus grandes épreuves, l'idéale perfection de l'adorable Victime, la vertu de ce prêtre et ses travaux reçoivent ·dès ce monde une singulière récompense, et quand vient l'heure de la mort, il ne peut que bénir Dieu d'avoir donné à son ministère sacerdotal une si précieuse fécondité.

CHAPITRE VI

SAINT-TRIVIER-DE-COURTES

Trois années encore, à la suite de la publication du *Sacrifice*, l'abbé Buathier continua à ses paroissiens de Buellas les trésors de son dévouement toujours infatigable, autant que simple et gracieux. Chargé de la responsabilité de ces âmes, que Notre-Seigneur lui avait confiées, il la portait avec une sollicitude constamment en éveil ; pour lui, rien de désolant comme de voir une paroisse fléchir et tomber par la faute de celui qui est chargé de la soutenir et de la faire progresser. Non content des efforts de son zèle personnel, il fait appel à des prédicateurs étrangers, multipliant dans son église les retraites et les missions. Cependant, ses amis souffrent de le voir, avec une ardeur que rien n'arrête, se livrer à des travaux qui eussent demandé d'autres forces que les siennes. Il a la gorge délicate, et il s'épuise à diriger ses chantres et à exercer ses chanteuses ; il est faible de constitution, et il lui faut, pour le service paroissial, braver le froid, la pluie, la neige, fournir par tous les temps des courses parfois assez longues : « Je vous écris à la hâte deux mots, dit-il dans une lettre, car je viens de faire, par la pluie, dix kilomètres pour administrer un malade, et tout à l'heure, je dois, pour me délasser, faire un enterrement. Il y a comme cela de rudes journées dans la vie de curé ! »

Au jour de l'ordination sacerdotale, le jeune prêtre a reçu communication du zèle de Notre-Seigneur pour les âmes ; c'est chez lui comme un sens nouveau, un besoin d'aller aux âmes, de les engendrer à Jésus-Christ, selon l'énergique et tendre expres-

sion de saint Paul : *Ego vos genui* ; de les
arracher au terre à terre des pensées d'ici-
bas, à leurs misères de péché et de souffrance, de leur faire voir l'idéal de perfection
auquel elles sont appelées et de les y entraîner. Ce zèle des âmes, bien peu de prêtres
l'ont eu au même degré que l'abbé Buathier.
Pour en sauver une seule, il aurait tout
donné. Un jour, il est sur le point de faire
un voyage, on l'attend dans une famille amie,
où il doit prendre huit jours de repos bien
mérité. Au dernier moment il s'excuse, il ne
partira pas, et comme on insiste, en lui re-
prochant amicalement de trop travailler :
« Non, répond-il, ce n'est pas mon travail
qui me retient ; c'est une âme. Et une âme
vaut bien un sacrifice ! »

Une autre fois, il apprend que quelqu'un,
à qui il s'intéresse, est atteint d'une maladie
grave et en danger de mort ; le malade a
pleine confiance en lui, mais il y a bon
nombre d'années qu'il ne s'est pas approché
des Sacrements ; pour aller le voir, il faut
tout un grand voyage, fatigant et coûteux.

L'abbé Buathier n'hésite pas, et il est heureux qu'il lui en coûte même beaucoup, puisqu'il s'agit de sauver une âme. Il ne goûte de joies profondes que dans ces consolations du ministère sacerdotal, et ses tristesses, car il y en avait parfois dans cette nature si heureuse, ses grandes souffrances, lui viennent du petit troupeau qui lui est confié, quand il s'y est produit un désordre et que l'esprit du mal y a fait quelques ravages : « Nous qui servons le bon Maître, dit-il dans une lettre, et qui sommes ses amis malgré nos misères, devrions-nous jamais être tristes autrement que de ces tristesses surnaturelles, qui nous viennent des peines faites au divin Ami ? J'ai lu autrefois de charmantes pages de Prévost-Paradol sur la tristesse, et une pensée m'avait frappé : Savoir pourquoi l'on est triste, c'est être bien près de savoir ce qu'on vaut. »

Dans l'ardeur de son zèle, il accepte toutes les propositions qui lui sont adressées de travailler au salut des chères âmes, et un jour, au mois de juin 1888, ayant assuré le service paroissial de Buellas, il s'en va jusqu'en Seine-et-Marne, au collège de Juilly, prêcher une retraite de Première Communion. Au vieux collège oratorien, on crut revoir Henri Perreyve : c'était la même flamme dans le regard, le même charme de sympathie, se dégageant de toute sa personne et lui gagnant, dès le premier abord, tous ceux qui l'approchaient ; la même parole brillante, chaude et profondément sentie, sachant aller au cœur de la jeunesse, pour y faire vibrer les plus nobles émotions, mais aussi, hélas ! la même pâleur sur le front, avec cette fiévreuse activité d'une vie frêle qui va bientôt s'éteindre. Dès le premier mot, le jeune auditoire fut captivé, on se comprit de part et d'autre, les âmes échangèrent leurs plus secrètes pensées, et la retraite fut la digne préparation de la fête de Première Communion la plus touchante et la plus recueillie.

La piété des enfants, le sympathique et cordial accueil des professeurs, et surtout la bonté du distingué Supérieur de la maison, le Père Olivier, son ancien professeur de seconde, firent pour lui, de cette semaine passée à Juilly, un délicieux séjour. Au milieu de sa retraite à prêcher, sa pensée vivait encore de souvenirs, et il aimait à errer sous les arbres près de trois fois séculaires, à l'ombre desquels vint rêver souvent l'âme méditative de celui que de Maistre appelait : « Cet admirable Malebranche, si négligé par son aveugle et injuste patrie. »

« Juilly est bien attirant !... mais le bon Dieu me veut ailleurs. *Amen.* » Ces deux mots nous disent assez avec quels regrets l'abbé Buathier quitta cette maison où il avait pu travailler un moment à l'œuvre de Dieu. Il voulut profiter du voyage qui l'avait amené dans cette partie de la France pour pousser jusqu'aux rives de l'Océan et visiter le Mont Saint-Michel. La vue de ce rocher où se rassemblent les merveilles de la l'art, de la religion et de l'histoire nationale, lui causa une vive impression ; il vit ensuite St-Malo et ses remparts et sa grande mer, dont les vagues retentissantes viennent se briser au pied du tombeau de Châteaubriand ;

puis Vitré, avec ses rues et ses maisons du
Moyen-Age, le château des Rochers, plein
du souvenir de Mme de Sévigné ; il séjourna
deux jours auprès de son ami, M. Robert, le
doyen de la Faculté des Lettres de Rennes,
devisant avec lui de littérature, de religion,
de philosophie surtout ; et enfin, après s'être
arrêté au Mans, où le livre du *Sacrifice* lui
avait fait également beaucoup d'amis désireux de le voir, à Chartres, où il tenait à
célébrer la sainte Messe dans la crypte de
Notre-Dame-sous-terre, il revint à Paris, y
assista au Congrès Eucharistique de 1888,
et rentra dans sa chère solitude de Buellas,
l'âme toute embaumée des impressions de
son voyage, mais heureuse pourtant de retrouver le calme de la vie en famille.

Au reste, les préoccupations d'un changement de poste ne tardèrent pas à l'y rejoindre.
L'église de Belley venait de recevoir comme
Evêque, un homme de grand cœur et de
haute vertu, un apôtre pour les diocésains
que Notre-Seigneur lui confiait, un père

pour ses prêtres. Mgr Luçon pensa qu'il devait à son diocèse de ne point laisser plus longtemps l'auteur du *Sacrifice* dans la petite paroisse de Buellas. En attendant que les circonstances lui permissent d'agir plus conformément à ses secrets désirs, il lui proposa la première cure de canton qui devint vacante ; c'était St-Trivier-de-Courtes, paroisse rurale comme la précédente, mais avec un vicaire. Pénétré de respect comme il l'était envers les moindres indications de la Providence, l'abbé Buathier vit dans cette proposition de son Evêque une manifestation de la volonté de Dieu, à laquelle il se serait bien gardé de ne pas correspondre filialement ; il accepta. Les épreuves allaient commencer pour lui.

La première, la plus sensible à son cœur aimant, ce fut la mort de sa mère. Il devait prendre possession de son poste vers le milieu de novembre 1888, tout était prêt, il avait fait ses adieux à ses chers paroissiens de Buellas et avait arraché à tous des larmes et des sanglots. Au dernier moment, Mme Buathier se trouve indisposée, le médecin mandé aussitôt déclare que ce n'est qu'un rhume, qu'il suffit que la malade ne prenne pas froid, qu'elle peut, sans danger, faire le voyage dans une voiture fermée et chauffée. On se conforme à ses prescriptions ; mais à peine est-on arrivé à St-Trivier, la maladie s'aggrave subitement, une congestion pulmonaire se déclare, et bientôt, le cas est désespéré. La chère mourante fut plus douce que jamais, en face de la mort ; alors qu'elle ne parlait plus, ses grands yeux si expressifs étaient fixés avec amour sur son crucifix, quelques minutes avant de rendre le dernier soupir, elle souriait encore au fervent chrétien qui avait été le compagnon de sa sainte vie, au prêtre qu'elle avait donné à Notre-Seigneur. Son fils la bénit une dernière fois, et son âme pure s'envola dans un monde meilleur. Le ministère de l'abbé Buathier à St-Trivier commençait sur la croix ; la première tombe qu'il voyait s'ouvrir dans sa nouvelle paroisse se refermait sur la dépouille d'une mère tendrement aimée.

Comme pour Buellas, il succédait à un

vénérable prêtre, à qui son âge et ses infirmités n'avaient pas permis, dans les dernières
années, de s'occuper activement de ses
ouailles ; la paroisse, d'ailleurs, ne pouvait
passer pour une paroisse pieuse : tradi-
tionalistes par tempérament, fidèles sur certains points aux habitudes de foi que leur
avaient léguées leurs pères, défendus par
leur bon sens naturel et par leur raison un
peu froide, contre les excès de l'incrédulité
moderne, les habitants de St-Trivier payaient
d'ailleurs un trop large tribut à l'indifférence
religieuse. Attachés surtout au sol qui les
faisait vivre, ils s'occupaient peu des choses
du Ciel.

Mais, avec la grâce de Dieu, la vie chrétienne peut revenir abondante et féconde.
L'abbé Buathier a bon espoir, son arrivée
dans ce pays a été marquée par un grand
sacrifice ; on lui a témoigné à l'occasion de
son deuil une réelle sympathie ; peu importe
qu'il y ait des ombres dans le tableau, qu'il
ne trouve pas la même ouverture d'âme et le
même entrain pieux que dans sa première

paroisse. Jésus, son divin Maître, a passé trois années de sa vie mortelle dans la société de pauvres bateliers grossiers, ignorants, jaloux, et il en a fait ses apôtres. Que les âmes qui lui sont confiées soient incultes ou délicates, le bon pasteur ne s'en inquiète point outre mesure; ce sont des âmes, des âmes créées par Dieu, rachetées du sang d'un Dieu : l'unique souci doit être pour lui d'assurer leur salut.

La première fois qu'il monte dans la chaire de St-Trivier, ayant tous ses paroissiens sous les yeux, M. Buathier leur ouvre son cœur; il leur dit, en un langage touchant, son immense désir de se dépenser au service de leurs âmes et de travailler à leur bonheur en ce monde et en l'autre : il gagne leur cœur du premier coup, et désormais, ils donneront à leur jeune et zélé pasteur, avec toutes les sympathies dont ils sont capables, toutes les preuves de bonne volonté qu'il leur demandera.

Un trait entre cent autres. M. Buathier n'est curé de St-Trivier que depuis quelques

15

mois. C'est le dimanche qui précède l'Ascension. M. le curé est en chaire ; il dit à ses paroissiens qu'il a appris avec autant de peine que d'étonnement que les processions des Rogations ne sont pas suivies dans la paroisse, surtout qu'il n'y a pas d'hommes dans le cortège, à peine quelques chantres et des enfants. Et pour conclure : « Nous serons demain à l'église, à cinq heures, dit-il. Tout sera prêt pour une belle procession. Cependant, il dépend de vous qu'elle se fasse. Je compterai les hommes ; s'il n'y en a pas au moins soixante, nous ne sortirons pas. »

Le lendemain, l'église était pleine. M. le curé descend jusque vers la porte d'entrée pour compter les hommes un par un. Il y en avait plus de cent, et les jours suivants, le nombre grossit encore.

Cet ascendant, auquel tout le monde obéit dans la paroisse et qu'il va garder, en l'augmentant toujours, jusqu'à la fin de son ministère pastoral, il le doit sans doute à la fermeté et à la dignité de son caractère, mais bien plus encore à son inépuisable charité.

Car à St-Trivier comme à Buellas, M. Buathier dépense en aumônes au-delà même de ses ressources ; il ne sait rien refuser, et pour tirer les autres d'embarras, il s'y met lui-même. On l'eut bien vite connu, et tout homme dans le besoin ou dans la peine venait immédiatement frapper à la porte du presbytère ; nul ne s'en allait le cœur gros ou les mains vides. Un jour, en revenant de visiter un malade, M. le Curé rencontre dans la rue une pauvre femme qu'il avait vue et assistée maintes fois déjà, étant vicaire de Bourg. Il fait froid, c'est un de ces jours de décembre, où le brouillard humide et glacé annonce que la neige n'est pas loin, et la malheureuse mendiante est sans asile. Or précisément, là, à deux pas, se trouve une chambre inoccupée. M. le curé la loue au mois, il y installe la pauvresse. Quand la neige est venue et qu'il n'est plus possible d'aller dans les villages voisins mendier de porte en porte le pain de chaque jour, M. le curé envoie des vivres. Il fait grand froid ; bien qu'elle ait reçu un gros paquet des vêtements de Mme Buathier, la pauvre vieille grelotte dans sa chambre sans feu ; M. le curé y fait porter un poêle, du bois pour l'alimenter ; il va souvent visiter son intéressante pensionnaire, et, quand elle se confond en remerciments et qu'elle demande ce qu'elle pourra bien faire pour lui témoigner sa reconnaissance : « Dire des chapelets pour moi ! » lui répond-il avec son bon sourire.

La bonne femme vit encore aujourd'hui de plus en plus infirme, courbée par l'âge, mais le cœur plein du souvenir de son bienfaiteur, de *son petit père*, comme elle dit dans son naïf langage. Elle continue à réciter ses chapelets pour lui, et quand elle peut se traîner jusqu'au cimetière de Bourg, elle ramasse, le long du chemin, dans les champs, un bouquet de simples fleurs, le suspend à la croix qui domine sa tombe, et prie longuement pour le prêtre qui avait eu pour elle tant de charité.

C'est par centaines que l'on compterait des faits de ce genre. Sa charité sait inventer mille petites industries. Tout près de la cure se trouve un quartier de mansardes pauvres, délabrées, où vivent misérablement deux ou trois familles. C'est la cour des Miracles, dit-on dans le pays ; elle n'est séparée du jardin du presbytère que par un mur peu élevé. Presque chaque jour, vers le soir, M. le curé remplit lui-même un petit panier de provisions ; puis, lorsque la nuit est venue, il le dépose sur le mur. Bientôt le panier disparaît sans bruit, et il est rapporté consciencieusement, lorsqu'il est vide, pour servir le lendemain à la même manœuvre.

Un ouvrier se meurt de phthisie ; une misère noire règne à son foyer désert ; son unique enfant, une petite fille, a été recueillie par des voisins charitables. Chaque jour, M. Buathier va visiter le pauvre père, il l'encourage, il le console, il ne le laisse manquer de rien. Mais voici que lui-même tombe malade, il n'oublie pas pour autant son protégé et lui fait porter des secours par son vicaire. Comme celui-ci recommandait au malheureux de prier pour son bienfaiteur : « Voyez ce chapelet, lui répondit-il. C'est

Monsieur le Curé qui me l'a donné, et tous les jours je le récite pour lui. Sans lui, il y a longtemps que je ne serais plus de ce monde.» Il mourut quelque temps après, dans les sentiments de la foi la plus vive, bénissant un Dieu que la charité de son pasteur lui avait appris à aimer.

Ce n'était pas toujours à des pauvres aussi reconnaissants que M. Buathier avait affaire. Comme il sortait d'une maison où il avait laissé une généreuse aumône : « Faut-il qu'ils soient riches, ces curés, fit le maître du logis ! Et ils gardent encore plus qu'ils ne donnent !» Le propos fut rapporté au charitable curé, qui se contente de dire : « Le prêtre ne doit pas attendre sa récompense des hommes, mais de Dieu. Plus les pauvres sont ingrats et rebutants, plus ils rendent la charité agréable à Dieu et profitable à l'âme. »

Il n'est pas moins généreux dans son zèle pour la maison du Seigneur. Il a trouvé dans sa nouvelle paroisse une vieille église gothique, à la voûte basse, aux chapelles sombres, qu'une restauration peu intelligente, au

commencement du siècle, a dotée d'un chœur
d'architecture grecque ; l'ensemble est un peu
froid et triste ; il anime le tout par des figures de Saints ; il y met en particulier une
statue de St-Trivier, ou plutôt tout un groupe,
qu'il a composé lui-même d'après l'histoire
et dont il a donné le modèle au statuaire.

Pour donner de la vie et de la solennité
aux fêtes religieuses, il organise une chorale
de jeunes hommes chrétiens, auxquels il
rattache quelques jeunes gens, et sous la
direction d'un artiste du pays, leur fait
exécuter des messes en musique. Mais un
orgue est nécessaire pour accompagner les
chants ; M. le Curé ne peut espérer aucune
aide ni de la fabrique qui est sans ressources,
ni des paroissiens, dont la plupart vivent au
jour le jour du fruit de leur travail. N'importe, il va de l'avant, achète un superbe
harmonium, presque un orgue, et l'inaugure
par une grande fête et un éloquent discours
sur la musique religieuse.

Du reste, chaque fois qu'une fête réunis-
sait dans son église un concours de peuple,

d'hommes surtout, M. Buathier se réservait
la chaire. Il est tel discours de la Toussaint
dont ses paroissiens se rappellent encore les
sages conseils et les touchantes pensées.

Mais ces œuvres extérieures ne lui font
pas oublier le travail intime des âmes, auquel
tout prêtre doit consacrer le meilleur de son
temps et de sa pensée. Bien qu'il s'adresse à
une population chez qui les préoccupations
de la vie matérielle dominent tout, il réussit à
faire fleurir dans sa paroisse des œuvres de
piété, en particulier cette Garde d'honneur
du Sacré Cœur de Jésus qui lui est si chère.

Dans la jeunesse qu'il a su grouper autour
de l'autel de Marie, il trouve des âmes
ouvertes au sens de la piété, et ici ou là une
vocation religieuse, qu'il cultive avec une
paternelle affection et une sainte jalousie des
droits du divin Maître.

A deux pas du presbytère s'élève l'hôpital,
dont il affectionne le voisinage. Il y a là des
épouses du Christ, auxquelles il aime à rappeler les exigences de l'état de perfection auquel
Dieu leur a fait la grâce de consacrer leur

vie ; il y a des malades, des membres souf-
frants de Jésus-Christ, qu'il se plaît à visiter
pour remplir auprès d'eux le ministère de
consolation qui a été départi au prêtre.

En un mot, dans tous les détails de sa vie,
on retrouve la vertu du bon curé. Mais nous
avons hâte de revenir aux circonstances qui
lui sont personnelles.

A l'occasion des fêtes de béatification du
glorieux martyr Pierre-Louis-Marie Chanel,
qui furent célébrées à Rome, au mois de
novembre 1889, Monseigneur l'Evêque de
Belley se fit accompagner dans son pèlerinage
à la Ville sainte par trois ecclésiastiques de
son diocèse. L'un d'entre eux était l'abbé
Buathier. On pense s'il fut heureux de l'honneur que lui faisait son Evêque ! Voir Rome,
ses sanctuaires et ses monuments, voir le
Pape surtout, c'était le rêve de sa vie, et il
lui était donné de le réaliser en des conditions qui ne laissaient rien à désirer à son âme
de prêtre. Quelques extraits de sa brochure
A Rome et en Italie nous diront les pieuses

émotions qu'il eut le bonheur d'éprouver.

Dès le premier jour, il fait une visite au Vatican : « J'eus un tressaillement, dit-il, à la pensée que j'étais chez le Pape. Nous ne devions point le voir cependant ; mais entrer pour la première fois dans la demeure du Père de famille est chose si douce au cœur de l'enfant ! Vraiment, je me trouvais bien sous ce toit paternel, j'étais heureux d'être l'hôte de Léon XIII, et quelque chose me disait tout bas que l'atmosphère elle-même était une atmosphère de bénédiction. »

Le lendemain même, il voit le Saint-Père à la béatification du Bienheureux Perboyre : « Pour moi, qui devais le voir pour la première fois, le cœur me battait bien fort. Comme autrefois Zachée sur son sycomore, j'avais haussé ma taille sur une base de colonne ; de là, Léon XIII ne pouvait échapper à mon regard.

« Il arrive, pâle, blanc, émacié, presque transparent, le corps un peu affaissé, mais le regard très vif ; sa garde noble le protège contre les tendresses indiscrètes de ses en-

fants ; il avance lentement, bénissant la
foule et laissant les plus proches baiser sa
main. L'émotion est grande. Sous cette enveloppe si frêle, voilà donc le Vicaire du
Christ, la plus haute Souveraineté d'ici-bas,
et la plus haute Paternité ! Voilà celui qui
porte le poids de toutes les âmes et la sollicitude de toutes les églises ! Avec quel bonheur ne l'ai-je pas contemplé ! »

Puis, le jour suivant, c'est la messe du
Pape, dans la basilique de Saint-Pierre.
L'abbé Buathier est placé à quelques pas
seulement du Souverain Pontife qu'il peut
contempler à l'aise et dont il ne perd pas un
mouvement. Il le suit à toutes les cérémonies
et les prières du sacrifice. Après sa messe, le
Pape en entend une seconde en actions de
grâces ; il l'entend tout entière à genoux,
profondément recueilli. « C'est le moment
du colloque intime entre Jésus-Christ et son
Vicaire. Que se disent-ils l'un à l'autre, ces
deux persécutés ? Quelle consolation reçoi-
vent-ils l'un de l'autre ?... Tout-à-coup, les
pèlerins français entonnent le verset pour le

Pape : *Oremus pro Pontifice nostro Leone.*
L'auguste vieillard écoute, il est ému ; des
larmes s'échappent de ses yeux, il couvre son
visage de ses deux mains, et l'on entend
comme un sanglot étouffé. O Père, vous avez
senti, à l'accent de notre voix, que toutes nos
âmes étaient avec vous, et votre cœur a vibré
au contact du cœur de la France catholique ! »

La seconde messe est finie, on fait ranger
les pèlerins le long des immenses nefs de
Saint-Pierre, et le Souverain Pontife, porté
dans un fauteuil à bras, parcourt les rangs,
écoutant toutes les demandes et répondant à
toutes, sans paraître jamais ni pressé ni fati-
gué. « Quand le Pape arriva près de moi, dit
l'abbé Buathier, je pris avec respect, presque
avec tremblement, cette main qui gouverne
le monde, je la baisai longuement, sans
éprouver le besoin de parler, sans même y
songer. Ce fut Léon XIII qui me questionna ;
apprenant que j'appartenais au diocèse de
Belley, il me dit : « Ah ! ce sera votre tour
dimanche, vous serez bien heureux. » « Il
faisait allusion à la béatification de notre

martyr bressan, le Père Chanel. Attention délicate, dont je le remerciai ; et comme j'allais me retirer, il me retint par deux fois, continuant ses questions sur mon ministère, sur ma paroisse, multipliant ses témoignages de bienveillance paternelle, les couronnant enfin par une dernière bénédiction. C'est ainsi que chacun était accueilli. On a beaucoup parlé, et certes avec raison, de l'intelligence de Léon XIII ; aujourd'hui, nous avons vu, nous avons admiré son cœur. »

En disant que chaque pèlerin était accueilli par le Saint-Père avec la bonté affectueuse dont il fut honoré lui-même, l'abbé Buathier est trop modeste, il aime à se confondre dans la foule des pèlerins. La vérité est que Léon XIII eut pour lui des bontés toutes spéciales, que ses compagnons remarquèrent : « Je vois encore, dit l'un d'eux, l'auguste vieillard arrêtant son regard profond sur le visage pieusement épanoui du jeune curé, le considérant attentivement, puis, tout à coup, d'un geste familier, lui pressant la tête des deux mains et l'attirant doucement sur son cœur... »

La même scène se reproduisit deux jours après, dans l'intimité de l'audience particulière que le Saint-Père daigna accorder à l'Evêque de Belley et aux prêtres qui l'accompagnaient ; l'abbé Buathier y fut comblé des marques de l'auguste et paternelle tendresse de Léon XIII, unissant, dit-il, les caresses aux bénédictions. La Garde d'honneur fut aussi spécialement bénie à cette audience ; elle était représentée aux pieds du Père commun des fidèles par le pieux et zélé Prélat qui en était le premier Directeur, et par le jeune prêtre, dont les écrits avaient si puissamment contribué à faire connaître et aimer la chère Œuvre !

Chacun des jours passés à Rome est pour notre cher pèlerin un jour de fête : le 13 novembre, il assiste, dans la grande *loggia* qui est au-dessus du vestibule de Saint-Pierre, à la cérémonie de béatification du Bienheureux Chanel. Il a le bonheur de voir l'Evêque de Belley célébrer la Messe pontificale devant la Cour romaine ; mais laissons-le raconter lui-même ses impressions.

« L'auguste cérémonie commence par la lecture solennelle du décret de béatification. A peine cette lecture est-elle achevée, que le grand rideau du fond de l'abside tombe brusquement et laisse apercevoir, rayonnant dans la lumière et la gloire, le nouveau Bienheureux. Près de lui, deux anges portent les instruments de son martyre, tandis qu'au-dessus de sa tête, deux autres anges lui apportent la palme et la couronne. Et les cloches de Saint Pierre sonnent à grande volée ; et, de toutes les bouches, s'élance, ardent et joyeux, le *Te Deum*, dont les versets sont chantés alternativement par la foule et par les chantres de la chapelle Sixtine ; tous les genoux fléchissent et tous les cœurs palpitent : le spectacle est à la fois grandiose et touchant. J'étais là, perdu dans mon coin de tribune, écoutant, regardant, ravi, et du fond de mon âme, je disais tout bas, avec des larmes dans les yeux : « Bienheureux Pierre-Louis-Marie Chanel, priez pour nous ! Priez pour l'Eglise romaine et pour le Pape qui vous glorifie ! Priez pour la France, votre patrie, pour ce diocèse de Belley qui fut votre berceau et dont l'Evêque préside à votre béatification, pour nos paroisses, limitrophes de la vôtre, pour nos œuvres et nos âmes. Priez pour nous ! »

Ces splendides fêtes ne lui font pas perdre de vue la visite des sanctuaires. Dix jours seulement à passer à Rome ! C'est bien peu. Il faut se borner aux lieux les plus saints et les plus célèbres. Il visite la prison Mamertine, affreux cachot où furent enfermés saint Pierre et saint Paul ; les Catacombes, vaste dortoir souterrain, où les disciples du Christ ensevelirent leurs morts ; le Colisée, dont l'arène fut arrosée du sang de tant de milliers de martyrs. « Oh ! comme l'âme se recueille à ces souvenirs ! Là, sur ce sol béni, elle respire l'odeur du sacrifice, et volontiers elle s'enivrerait à ces parfums du sang. » Il gravit les vingt-huit degrés de la *Scala santa*, que Jésus-Christ monta et descendit plusieurs fois durant sa Passion ; il vénère les reliques insignes conservées dans l'église de Sainte-Croix de Jérusalem, le titre de la vraie Croix, le clou qui perça l'une des mains de l'adorable Victime, et cette autre relique spécialement chère aux Gardes d'honneur, le doigt de l'apôtre saint Thomas, ce doigt qui, après la résurrection du Sauveur, pénétra dans la blessure du Cœur sacré.

Terminons par deux sanctuaires qui avaient pour lui un charme particulier : tout d'abord, la crypte de Sainte Agnès, place Navone. « En vérité, nous dit-il, je ne connais rien de beau comme cette figure aérienne et céleste, comme cette angélique enfant, cette jeune fille de treize ans, qui passe à travers les souillures de ce monde sans les voir, qui va au supplice ainsi qu'à une fête nuptiale, et dont l'âme s'envole du bûcher, semblable à une colombe blanche. Ce matin, je suis venu, tout radieux de bonheur, immoler l'Agneau, à l'endroit même où la douce *Agnelle* fut exposée, protégée et immolée. La scène du martyre m'absorbait. Y a-t-il, dans les annales de l'Église, histoire plus fraîche, plus pure et en même temps plus héroïque dans sa candeur ? »

16

L'autre sanctuaire rappelle des souvenirs tout différents et plus modernes. « Je ne pouvais, je ne voulais quitter Rome, sans y vénérer les traces de notre admirable Saint français, Benoît-Joseph Labre. Déjà, au Colisée, je m'étais arrêté à l'arcade XLIIIe, sous laquelle il passait ordinairement la nuit en prière. Mais, ce matin, j'ai fait mieux, je me suis agenouillé d'abord dans l'église de Sainte-Marie des Monts, où après avoir tant prié, il tomba en défaillance, le jour même de sa mort (16 avril 1783) comme s'il avait voulu expirer aux pieds de sa Reine ; puis, j'ai visité la maison *Via de serpenti* où il fut recueilli par le pieux boucher Zaccarelli, et où, vers le soir, il rendit le dernier soupir. On a conservé la chambre dans le même état, avec le lit sur lequel il est mort, ainsi que ses vêtements. Pauvres vêtements de pauvre ! haillons glorieux qui ont recouvert une des plus grandes âmes du XVIIIe siècle, une des plus éprises de Dieu et des plus détachées de la terre ! J'étais tout fier de me dire que cette âme était française et que ce Saint protégeait la France. »

Dans ces accents d'une note si pénétrante et si personnelle, nous avons les prédilections d'âme de l'abbé Buathier, et il y a quelque charme à voir cette nature artistique donner tant d'amour au Saint en haillons, que le monde méprise. Tant il est vrai que la seule beauté qui l'attire est la beauté de l'âme !

CHAPITRE VII

Au moment même où il faisait paraître les *Impressions d'un Pèlerin*, simples notes de voyage où l'on retrouvait, avec l'onction de son cœur de prêtre, la grâce de sa plume élégante et facile, l'abbé Buathier venait d'entreprendre une étude d'une certaine importance, dont il donnait la primeur aux lecteurs du *Bulletin*. Les circonstances ne lui avaient pas permis d'entrer à l'Oratoire ; mais, s'il n'avait pu donner sa personne et son dévouement à la chère Congrégation religieuse, il lui avait au moins gardé son cœur, et il accepta avec bonheur la proposition qui lui fut faite un jour, d'écrire la vie d'un prêtre de l'Oratoire, le Père Antoine Yvan, fondateur, au XVII⁰ siècle, des Religieuses Augustines de Notre-Dame de Miséricorde.

Quand il eut commencé à prendre connaissance de son sujet, il entrevit bientôt quel parti il pourrait en tirer ; il avait devant lui *un prêtre*, un vrai prêtre de Jésus-Christ, un de ces prêtres qu'on rencontre aux sommets de la perfection et sur les hauteurs de la sainteté. Il avait fait une étude sur le *Sacrifice*, il en ferait une autre sur le *Sacerdoce*.

« *Sacerdoce et Sacrifice !* » disait-il dans son *Avant-Propos* aux lecteurs du *Bulletin*. Comment séparer deux choses aussi étroitement unies ? L'une n'appelle-t-elle pas l'autre ? Sans le prêtre, où serait l'Hostie ? A quoi servirait l'autel ? Jésus-Christ, assurément, aurait pu reproduire son sacrifice sans intermédiaire. Prêtre principal, source unique de tout sacerdoce, il aurait pu se passer du prêtre secondaire ; de fait, il ne l'a pas voulu. S'immolant pour les hommes, il a voulu s'immoler par les hommes ; et c'est pourquoi, au moment même où il instituait l'Eucharistie, il créait aussi l'Ordre, afin d'assurer la perpétuité de son sacrifice jusqu'à la fin des temps.

« Depuis, il ne cesse de se choisir, au sein de l'humanité, des âmes qu'il sépare d'abord de la foule, qu'il prépare ensuite dans la retraite, et qu'enfin il consacre à ses autels. Ce qu'un tel choix, ce qu'une telle consécration donne de grandeur à l'élu est indicible. Mais surtout, qui dira les adorables prévenances, les amoureuses délicatesses et les miséricordieuses sollicitudes de Celui qui appelle ? Nulle vocation ne vient plus directement du Cœur de Jésus, nulle n'est faite davantage de tendresse gratuite et de prédilection. »

Ce n'était point une figure banale que celle qui s'offrait au jeune écrivain pour répondre à son idéal du sacerdoce ; avec les rudes et austères vertus qui l'entourent d'un nimbe sévère, elle pouvait paraître étrange

à nos tempéraments de chrétiens amollis. Né
à Rians, en 1576, de parents plus riches des
trésors du ciel que des biens de la terre,
Antoine Yvan débute dans la vie par la
misère. Tout jeune enfant, il va dans la forêt
ramasser des fagots de bois, il les vend et
en achète des livres pour lui, du pain pour
les pauvres ; quant à lui, le plus pauvre de
tous, il s'oublie, il donne sa maigre pitance
de chaque jour, ses chaussures, ses vêtement ; sa mère a beau le châtier, elle ne peut
le corriger de ses saintes prodigalités. Il n'est
avide que de savoir, et le détail est infini
des industries auxquelles il est obligé d'avoir
recours pour apprendre à lire !

Vers l'âge de 12 ans, il trouve un refuge
pour quelque temps auprès des Minimes de
Pourrières, et il est heureux de pouvoir se
livrer à l'étude dans les rares moments de
loisir qu'il peut avoir. Voici l'admirable
prière qu'il faisait un jour à haute voix, devant l'image de la Sainte Vierge : « Le Père
Supérieur m'a envoyé ici pour vous demander ce que je désire, grande Reine :

savoir bien lire, bien écrire, graver, peindre, être un bon prêtre, un bon confesseur, un bon prédicateur et un saint. Je vous prie, très sainte Dame, de m'obtenir ces grâces de votre Fils. Si je sais bien lire, je réciterai votre office ; si je sais bien peindre et graver, je graverai et peindrai de vos images ; si je suis prêtre, je célébrerai la sainte messe en votre honneur ; si je suis confesseur, je porterai mes pénitents à vous servir ; si je suis prédicateur, je prêcherai vos louanges ; et si je suis saint, je vous aimerai toute ma vie comme ma bonne Mère et Maîtresse. »

La Sainte Vierge exauça la prière et Yvan tint ses promesses. Saint, il le fut à outrance et par les voies sanglantes des plus terribles austérités. Tous les instruments de pénitence, haires, cilices, chaînes de fer et disciplines, venaient s'ajouter au jeûne le plus rigoureux, au froid et à la chaleur, pour réduire son corps en servitude et en faire un holocauste perpétuel. Et, après de longues années de mortifications effrayantes, à la veille de mourir, il tremblait encore, et

comme on lui disait qu'il ne devait pas craindre pour son salut, après la vie pénitente qu'il
avait menée : « Ah ! que les jugements de
Dieu sont épouvantables ! répondait-il. Néanmoins, j'ai confiance en la miséricorde de
Jésus-Christ son Fils ; j'espère aussi beaucoup par l'intercession de Notre-Dame de
Miséricorde et du grand saint Michel, mon
patron. »

Du reste, il semble que le ciel lui-même
ait voulu plus d'une fois tempérer l'excès de
ses macérations, comme le jour où le Père
Yvan entendit une voix du Ciel lui dire
qu'une once de charité valait mieux que dix
livres de pénitence, ou encore celui où une
autre voix lui dit distinctement : « Antoine,
Antoine, plus d'amour et moins de rigueur !
Sors de ta solitude et travaille au salut des
âmes. »

Il y travailla, en effet, avec zèle et profit.
Déjà, comme curé de Verdière et de Cotignac,
par la sainteté de sa vie et par ses prédications, il avait fait beaucoup de bien, mais
quand il eut trouvé sa voie en entrant défi-

nitivement dans l'Oratoire d'Aix, ses Supérieurs l'employèrent au ministère des âmes, il y porta les ardeurs de sa foi, et sa parole fit des conversions merveilleuses. Le concours du peuple était si grand pour l'entendre, que les plus vastes églises n'étaient pas capables de contenir son auditoire.

Ce fut en l'année 1633, qu'il fonda l'Institut des Religieuses de Notre-Dame de Miséricorde. Il avait remarqué, dans l'expérience qu'il avait faite de la conduite des âmes, qu'un grand nombre de personnes, sûrement appelées à la vie religieuse, restaient dans le monde, au détriment de leur perfection, au risque même de leur salut, parce qu'elles ne pouvaient apporter au couvent ni dot ni ressources d'aucune sorte. Comme on l'a dit, elles n'étaient pas assez riches pour pouvoir faire vœu de pauvreté. Et le Père Yvan, si pauvre lui-même, et qui avait toujours eu pour les pauvres une si tendre prédilection, s'indignait que ces chères âmes fussent, pour un motif de bas intérêt, écartées de la vie de sainteté à laquelle Notre-Seigneur les appelait. Aussi, la raison d'être de l'Institut de la Miséricorde fut-elle de recevoir les filles pauvres et sans dot, et cette clause fut jugée par le fondateur tellement importante, qu'il l'ajouta aux trois vœux de religion, comme l'objet d'un quatrième vœu. « Les filles pauvres, disait-il, sont les enfants légitimes du nouvel ordre, les riches n'en sont que les enfants adoptifs. » Admirable parole, qui semble sortir du Cœur même de Jésus !

Tel est le sujet que l'abbé Buathier avait accepté de traiter. Porté par une tendance de sa nature à ces recherches historiques, aimant à exhumer des cendres du passé, les grands noms de la sainteté, du génie et de la science, pour vivre de leurs vertus, familiarisé d'ailleurs par des lectures antérieures avec les attachantes figures des premiers Pères de l'Oratoire de France, des Bérulle, des Condren, et de leurs plus illustres contemporains, il fut heureux de l'occasion qui s'offrait à lui de fouiller un coin de l'histoire qu'il affectionnait particulièrement et de mettre en pleine lumière un personnage trop effacé dans l'oubli et à qui vraisemblablement il n'avait manqué que le jugement de l'Eglise pour avoir droit d'être appelé saint. La vie du Père Yvan avait été écrite, autrefois, par le P. Gondon, son contemporain et son ami, et différents travaux avaient été publiés sur lui et sur son œuvre principale, l'Institut de Notre-Dame de la Miséricorde. L'abbé Buathier se procura tous les documents nécessaires, fit un voyage en Provence, resta quelques jours à Aix, consulta les archives, les traditions locales. Plus il s'enfonçait dans l'étude de son sujet, plus il goûtait ce charme d'esprit surnaturel, de franche et héroïque générosité qui se dégageait des actes et des écrits du Père Yvan.

L'avouerons-nous cependant ? Ce genre de travaux intellectuels n'était pas celui qui convenait le mieux à sa trempe d'esprit. On eût mieux aimé voir l'auteur du *Sacrifice* entreprendre à nouveau un ouvrage de fond, fortement conçu, plein d'idées neuves et

fécondes, avec l'inspiration et le libre essor
d'une œuvre personnelle. Il avait quelque
chose du penseur, et il devenait humble bio-
graphe, suivant pas à pas les incidents d'une
vie de saint. Cette vie était intéressante sans
doute et il y trouvait l'occasion d'heureuses
réflexions à faire ; certaines pages avaient de
superbes envolées, et l'ensemble du travail
dénotait un esprit supérieur. Le livre cependant eût été loin de valoir le *Sacrifice*, au
point de vue littéraire ; mais il aurait édifié
les lecteurs, élevé leurs âmes, fortifié leur
courage ; c'était le but que s'était proposé
l'auteur, et le reste était secondaire pour lui.
S'il est regrettable, que l'œuvre qu'il avait
si bien commencée, et dont, pendant près de
quatre années, il a donné aux lecteurs du
Bulletin des extraits toujours impatiemment
attendus et de plus en plus goûtés, n'ait pu
être achevée par lui, du moins elle ne sera
pas entièrement perdue. L'Oratoire, qui avait
confié ce trésor de famille à des mains si
dignes d'en recevoir le dépôt, le livrera bientôt au public chrétien, à qui l'on n'offre pas

souvent des richesses de lecture aussi précieuses et aussi choisies.

En composant son livre du *Sacrifice*, l'abbé
Buathier fut amené par le développement de
son sujet, mais plus encore par la tendance
naturelle de son esprit à traiter du *Beau*. A
son avis, il n'y avait de vraie beauté pour
une âme que dans l'amour et la pratique du
sacrifice chrétien, qui en la faisant participer
aux sentiments les plus intimes du Christ
Rédempteur, lui donne une céleste ressemblance avec cet adorable Modèle de toute
vraie beauté. « La plus belle, disait-il, c'est
la plus sainte ; la plus sainte, c'est la plus
sacrifiée. »

Mais, à mesure qu'il avançait dans l'étude
de cette question nouvelle, l'horizon de sa
pensée s'élargissait et finissait par s'étendre
à l'esthétique tout entière ; les clartés de la
foi illuminaient à ses yeux ces régions de
l'art, et il y découvrait de splendides aperçus.
Il vit qu'il aurait là bientôt la matière d'un
livre, et il fut tenté de l'écrire. Mais, comme

ce puissant esprit était en même temps un esprit humble, se défiant de lui-même, il consulta ses amis. L'un d'eux, confident des ardeurs de son âme, mais aussi, hélas ! des impuissances auxquelles le réduisait sa santé, fut effrayé de la somme de travail qu'allait exiger un pareil sujet, pour lequel il fallait, outre beaucoup de philosophie, un ensemble de connaissances techniques très précises. Puisque l'auteur du *Sacrifice* était préparé par ses études antérieures à aborder tel ou tel point de dogme, de morale ou de mystique en harmonie avec sa nature, puisqu'il venait de montrer qu'il pouvait traiter même les sujets les plus sévères, de façon à être compris et goûté du grand public et à l'édifier, pourquoi aller chercher ailleurs une question, neuve et importante sans doute, mais difficile, longue à étudier, pleine de problèmes délicats et qui, en définitive, n'intéressait qu'un nombre fort restreint de lecteurs ? Ses vues d'esthétique chrétienne, il pouvait les rassembler en quelques pages qui s'ajouteraient à son premier livre et le complèteraient heureusement, en étendant aux choses de l'art la grande thèse du sacrifice.

D'autres conseils prévalurent. Le terrain qu'il abordait était vierge, inexploré et par trop inconnu du public chrétien, dont il fallait faire l'éducation. Par ce livre, qui aurait à coup sûr l'attrait de l'inédit, l'abbé Buathier se procurait, une fois de plus, le rare bonheur d'élever les âmes, de leur suggérer de saines et saintes pensées, tout en rectifiant, en matière d'art, certaines appréciations erronées. Et, s'il y fallait de longues et patientes recherches, le travail n'était pas pour l'effrayer.

Le jeune écrivain, en effet, était de si généreuse et intrépide nature que plus un sujet lui imposait de labeurs, plus il y trouvait de jouissances. Aussi, dès que sa décision fut arrêtée, se livra-t-il avec ardeur à l'œuvre qu'il avait entreprise. En matière d'art, il avait le goût très pur ; mais le goût ne suffit pas pour en parler, il y faut des principes et des connaissances que l'on ne

17

trouve, à défaut de pratique, que dans des
ouvrages spéciaux. L'abbé Buathier eut vite
fait d'en acheter pour une somme importante. L'avenir, pensait-il, lui permettrait de
rentrer dans ses déboursés. Hélas ! l'avenir
devait lui manquer bientôt.

Que se proposait-il au juste ? Faire un
traité didactique ? Ou encore une étude
métaphysique sur le Beau ? Il eût pu l'essayer sans doute avec succès ; mais, les
fragments qui nous sont restés indiquent une
autre pensée ; il voulait surtout faire entendre un *Sursùm corda*, un appel vers les
hauteurs où Dieu convie l'âme humaine. En
tout ce que l'homme peut penser, dogme,
morale, philosophie, poésie, il y a cette
splendeur du vrai qu'on appelle le *Beau*,
prestigieux manteau de lumière, qu'aime à
revêtir la vérité. Si le Beau n'est pas par lui-
même une preuve, que de fois au moins,
par l'attrait qu'il exerce sur les plus nobles
facultés de notre âme, par le vigoureux essor
qu'il imprime à nos aspirations vers l'idéal,
il jette en nous des ardeurs de sentiment et

de résolution que la vérité toute seule n'y ferait point naître au même degré ! Le Beau produit l'amour, et l'amour est le principe le plus ordinaire de nos œuvres.

Dans la première partie de son ouvrage, l'auteur veut étudier le Beau en soi d'abord, puis, dans les êtres qui sont marqués plus spécialement de ce divin caractère. Dieu est le Beau par essence. Mais qui dira la beauté de Dieu ? Qui essaiera de jeter sur les pages incolores d'un livre, cette lumière incorporelle qui, non contente de se dérober à nos yeux de chair, se voile même à l'œil spirituel de notre intelligence ?

« L'esthétique divine, dit l'abbé Buathier, est le secret du Ciel. Quand on veut en balbutier sur la terre, on est réduit aux pâles comparaisons des créatures, auxquelles on ajoute l'idée d'infini. Mais quoi donc ! Quand on aura nommé l'océan sans rivage, l'horizon sans bornes ou la clarté sans ombre, sera-t-on bien avancé ? Connaîtra-t-on mieux la forme et le visage de Dieu.

« A vrai dire, Dieu nous est connu surtout

par ses œuvres... Mais, si le simple aspect de vos créatures, ô Dieu caché, nous émeut si fort et parfois jusqu'aux larmes, dans quel ravissement nous jettera la splendeur de votre être ! Dites-le nous, Anges qui l'adorez ! Dites-le nous, élus du Ciel, dont les yeux ne se détachent plus de sa beauté toujours nouvelle ! Et versez dans nos âmes une soif inextinguible du torrent de volupté qui nous attend ! »

Avec Jésus-Christ, la beauté de Dieu est moins insaisissable, puisqu'elle se reflète sur la physionomie de l'Homme-Dieu, dans tous les actes de sa vie. « Que dire de son cœur ? Par l'immensité d'un amour dont nul n'est exclu, c'est le plus grand de tous les cœurs, c'en est le plus généreux par la plénitude et par l'héroïsme de l'immolation. C'est le Cœur le plus pur dans ses tendresses, le plus sûr dans sa fidélité, le plus délicat dans ses prédilections, le plus dépouillé d'égoïsme, le Cœur le plus sacrifié.

« Le plus sacrifié ! Il est temps de le redire et d'y insister. Car cette empreinte du sacrifice pénètre tellement le Christ qu'elle le marque d'un caractère indélébile. Ce caractère d'immolation est une partie de sa physionomie, il en constitue même la note dominante : avant tout, le Christ est un être immolé, immolé à la gloire de Dieu, immolé au salut des hommes. »

Cette pensée du sacrifice, qui est la pensée maîtresse du livre, revient avec de nouveaux développements sous la plume de l'auteur, lorsqu'il est question de la Très Sainte Vierge. « Marie est trop parfaite, elle est trop unie à son Fils, elle a dans l'œuvre de la Rédemption une part trop considérable et trop personnelle, pour que le sacrifice ne soit pas la source même de sa gloire et la condition de sa beauté. Nul n'est saint sans être victime ; bien plus, la mesure de toute sainteté est celle même de l'immolation. La Vierge Immaculée doit donc être par excellence la Vierge immolée. Et, de fait, aucune créature n'a été aussi complètement livrée au bon plaisir divin ; l'ombre d'une réserve égoïste ne l'a jamais effleurée, et du commencement à la fin, Dieu a fait d'elle ce qu'il a voulu, sans rencontrer aucun obstacle. Quant à sa double maternité, nous savons comment elle l'a conduite au Calvaire, où il lui a fallu voir de ses yeux les épouvantables supplices de Celui qui était tout son amour, et être complètement crucifiée avec Jésus pour le salut des hommes. »

Toutefois, bien que cette vision du sacrifice plane constamment sur le travail de l'abbé Buathier, elle n'y fait éprouver ni gêne ni raideur ; l'ensemble de la doctrine chrétienne s'y adapte parfaitement. Pour ce qui est de la Sainte Vierge, le pieux écrivain rappelle avec amour les dons merveilleux dont a été comblée cette fleur du Paradis, qui a reçu plus que la lumière et la rosée du Ciel, qui a reçu le Ciel lui-même. Marie ! il la chérissait d'une si filiale tendresse ! « Si j'étais peintre, disait-il, je voudrais consacrer ma vie à reproduire sous ses divers aspects, cette suave figure de Vierge, de Mère et de Reine ! » Mais, il eût pris sûrement pour modèles les suaves madones de Fra Angelico,

de Luini, de Francia ou du Pérugin. Il dé-
testait les Vierges fades et frivoles que la
Renaissance a mises à la mode. « Qu'a vu
Paul Véronèse à Cana, s'écriait-il dans ses
notes ? Une noce banale et tapageuse ! Il n'a
vu que l'extérieur. Mais le mystère de l'intercession de Marie, de sa compassion aux
misères de l'humanité, le mystère de la sanctification du mariage, c'est pour lui lettre
morte ! »

Dans le chapitre qu'il voulait consacrer à
Marie, il se proposait de s'arrêter, non pas
seulement aux miracles éclatants de sa misé-
ricordieuse puissance, mais encore aux détails gracieux et si tendrement maternels de
sa condescendance sans bornes. « Marie ve-
nant raccommoder le cilice de saint Thomas
Becket, allant elle-même réveiller sainte
Rose, quand sonnait l'heure de l'oraison,
essuyant le front perlé de sueurs des moines
moissonneurs de Citeaux, récitant l'office
avec saint Félix de Valois, quels sujets de
tableaux ! »

Ce chapitre, qui est le quatrième du livre

projeté, n'a pas reçu tous les développements
que le sujet comportait, ni la forme dernière
et exquise que l'auteur aimait à donner à
tout ce qui sortait de sa plume. Mais passé
ce chapitre, qui a été publié quand même,
ainsi que les trois premiers, dans les dernières
éditions du *Sacrifice*, il ne reste plus, sur les
manuscrits de M. Buathier, que des notes
éparses, jetées pêle-mêle, au hasard de ses
réflexions et de ses lectures, et à travers lesquelles se retrouvent souvent des pensées
marquées au coin de cet esprit si ferme et si
délicat (1).

Il nous a dit plus d'une fois, cependant, que
s'il avait trois mois de pleine santé, il vien-
drait à bout de faire son livre. Ses matériaux
étaient prêts ; il ne lui restait plus qu'à écrire !

Mais la maladie lui arrachait la plume des
mains, et l'œuvre si brillamment commencée
devait rester à jamais interrompue. *Pendent
opera interrupta.*

____

(1) Voir dans l'Appendice le plan de l'ouvrage et les quelques notes que nous avons pu recueillir.

Au mois d'octobre 1891, la maladie ayant obligé l'auteur de cette biographie à quitter momentanément la direction du *Bulletin* de la Garde d'honneur, l'abbé Buathier en fut investi par la confiance de son Evêque. Le cher *Bulletin !* c'était pour lui un vieil ami, auquel depuis dix ans, il avait confié tous les trésors de son âme de prêtre, par l'intermédiaire duquel, il avait pu adresser à quantité de cœurs languissants ou meurtris la parole de vie qui vient de Dieu et qui porte avec elle courage et consolation. Il accueillit avec joie l'offre qui lui était faite de se dévouer plus généreusement encore à cet apostolat du journal et du livre, qui lui avait permis jusque là d'éveiller en tant d'âmes chrétiennes la notion et l'amour du Sacré Cœur.

Cette dévotion, dont il entretenait les lecteurs du *Bulletin*, il l'avait lui-même, très sincère et très profonde. Il aurait eu horreur en pareille matière d'un sentiment de simple apparat. « Entrons bien avant dans le Sacré Cœur, écrit-il à la date du 11 juin 1890 ; je veux célébrer avec vous cette fête de vendredi qui résume et explique tous les mystères de notre salut et qui nous les appliquera en abondance. Marie et Joseph nous conduisent à ce Cœur, dont ils ont été les premiers adorateurs. Allons-y par eux et avec eux. Vous ne sauriez croire combien, durant ma maladie, je me suis senti incliné vers le Sacré Cœur ! Ç'a été comme une retraite d'un grand mois dans ce Cœur adorable. Il me semblait que la Sainte Vierge et son virginal Epoux me menaient à ce Centre de l'amour. Aussi me suis-je préparé spécialement à la grande fête de vendredi, et je m'y consacrerai entièrement à la gloire de Celui qui a tant aimé les hommes, qui *m'a* tant aimé en particulier, malgré mes innombrables misères. »

Avec cette intime conviction personnelle, avec la distinction et la flamme de son talent, il charmait les lecteurs du *Bulletin*, lorsqu'il parlait du Sacré Cœur, et jamais la chère revue ne connut d'époque plus brillante que celle-là. Il est vrai que les forces de l'abbé Buathier n'auraient pas suffi à sa tâche, s'il avait été seul ; souvent malade, tenu à des précautions de santé minutieuses, lorsqu'il n'était pas complètement arrêté, chargé de l'administration d'une paroisse située à 25 kilomètres du siège de l'Archiconfrérie, appelé fréquemment à Bourg par les soins matériels du *Bulletin*, véritable lit de Procuste où il fallait, pour les besoins de la pagination, tantôt allonger les articles, tantôt les réduire à une forme plus concise et plus brève, il avait besoin de collaborateurs, et le Sacré Cœur lui en assura un dont le concours lui fut aussi précieux que dévoué, dans la personne de son ami, l'abbé Théloz, lui-même ancien directeur du journal.

Ce fut alors que l'on entreprit de commenter les Billets-Zélateurs, source féconde de réflexions pieuses, où quantité d'âmes, depuis près de quarante ans, ont puisé avec le sujet de leur méditation, le secret de leur avancement spirituel. L'abbé Buathier fit les trois premiers commentaires ; puis, en raison de ses autres travaux, il céda celui-ci à son ami l'abbé Théloz, supérieur du Petit Séminaire de Meximieux, esprit mystique autant que littéraire, qui avait l'intuition des choses de l'âme et le talent de les bien dire.

M. Buathier et M. Théloz ! deux plumes d'or qui écrivirent des pages brillantes, immortelles peut-être, avant d'être brisées elles-mêmes par la mort ! Deux âmes d'élite, fraternellement unies dans l'amour du Sacré Cœur et qui travaillèrent avec passion à propager sa gloire ! C'est un honneur pour le *Bulletin* d'avoir suscité de tels hommes.

Une paroisse à gouverner, un journal à diriger, et bientôt l'Œuvre importante de la Garde d'honneur tout entière à tenir en mains, c'était plus qu'il n'en fallait pour une santé précaire comme celle de l'abbé Buathier. Et encore s'il s'en était tenu là ! Mais, comme s'il pressentait qu'il lui restait peu de temps à vivre et qu'il voulût au moins fournir une grande carrière en un petit nombre de jours, il se prodiguait sans mesure et jetait à tous les vents les trésors de sa pensée, de son cœur, de sa parole apostolique. Ne voulant pas que son titre de directeur de

l'Archiconfrérie fût une sinécure, il épiait les
moments de liberté que le ministère paroissial pouvait lui laisser et s'en allait prêcher
le Sacré Cœur un peu partout, à la ville, à
Lyon notamment, ou dans les pauvres petites
églises de campagne, édifiant et charmant
tout le monde par l'éloquence émue et pénétrante de sa piété.

Puis, en dehors même de la Garde d'honneur, que de prédications acceptées sur la
demande de confrères dans l'embarras : pané-
gyriques à prononcer, cloches, statues ou
cimetières à bénir, orgues ou chapelles à
inaugurer ! Ou bien c'était quelque âme
généreuse, dirigée par lui, qui un jour avait
entendu l'appel de Jésus, et qui s'en allait au
couvent, faire à Dieu le sacrifice de sa jeunesse, de ses affections et d'un brillant avenir,
ne se réservant que la consolation d'entendre
une dernière fois son directeur l'offrir lui-
même à Jésus pour la fête de sa vêture ou de
sa profession.

Et cette douce fonction de sacrificateur,
dévolue au prêtre dans ce que la charité du

Christ a de plus tendre et de plus profond, à l'égard des âmes aimées, était une des parts du ministère sacerdotal que M. Buathier affectionnait le plus.

Ou bien encore, on le priait de prêcher des retraites ; comme il ne savait pas refuser, il acceptait la proposition, et parfois son état de santé le tenait en suspens jusqu'au dernier jour, comme pour cette retraite des Enfants de Marie, de Pont-de-Vaux, à la veille de laquelle il écrivait : « J'aurais bien dû ne rien promettre ; mais puisque je me suis engagé, je veux tenir ma promesse. Vous voudrez bien m'y accompagner de vos bonnes prières, pour que mes forces puissent suffire à la tâche et pour que je fasse un peu de bien. » Du reste la retraite réussit parfaitement ; dès la première allocution, ces jeunes filles sont captivées et le prédicateur n'a que de la joie à leur parler, tant il lui est facile de les porter à Dieu !

Quelques mois après, en juin 1893, nouvelle retraite, celle-ci plus fatigante, aux enfants de la Première Communion du

Pensionnat de Saint-Joseph, à Bourg. Ceux qni eurent le triste bonheur d'entendre les sermons adressés au grand public, à cette occasion, ne se rappellent pas sans émotion cette voix haletante et brisée de fatigue, qui leur jetait dans un suprême effort comme les derniers cris d'amour de ce grand cœur en l'honneur de l'Eucharistie. C'était d'ailleurs en cette année 1893, qu'il s'était mis spécialement sous le patronage de Notre-Dame du Saint-Sacrement et de saint Tarcisius, le martyr de l'Eucharistie.

« Vous vous tuez » lui disaient ses amis, et ils le conjuraient de prendre des ménagements, de se reposer. Il répondait à leurs affectueuses instances, comme le Curé d'Ars, qu'on aurait bien le temps de se reposer en paradis, et il continuait de plus belle, jusqu'à ce que la maladie l'arrêtât tout à fait.

Il y eut même un moment où sa générosité naturelle faillit le précipiter dans les luttes de la politique. Il lui en coûtait de voir le drapeau de la vieille foi française à terre, et personne pour le relever. C'était au mois d'août 1893, à la veille des élections législatives. Un personnage du plus haut mérite, qui savait découvrir les hommes et leur communiquer la flamme qui bouillait encore dans son cœur de nonagénaire, Mgr Martin, ancien vicaire général d'Avignon, lui-même écrivain distingué, pressait M. Buathier de se jeter dans la mêlée électorale, comme candidat.

« Savez-vous ce dont je suis menacé ? écrivait celui-ci à un ami. On insiste beaucoup pour que je pose ma candidature contre notre député franc-maçon. J'ai fini par soumettre la chose à mon Evêque et la réponse doit m'être donnée demain. Si elle est favorable, j'aurai une terrible quinzaine à passer, et il faudra beaucoup prier pour moi. J'espère encore que ce fardeau ne me sera pas imposé et que la Providence éloignera ce calice de mes lèvres ; mais je suis prêt à tout, et si l'on me dit de marcher en avant, je marcherai, le bon Dieu fera le reste, et c'est Lui seul qui donne le succès. L'amour de l'Eglise et de la France me fait seul agir en cette grave circonstance. »

Dans sa réponse, Mgr l'Evêque laissait l'abbé Buathier entièrement libre : la candidature ecclésiastique était non seulement légitime, mais désirable dans certaines conditions. Si donc le jeune curé se décidait à cet acte de dévouement, les bénédictions. et les prières de son Evêque le suivraient partout. Celui-ci se gardait cependant de toute parole qui pût l'y encourager, et il terminait sa lettre par ces lignes affectueuses, qui faisaient un égal honneur au prélat plein de cœur qui les écrivait et au prêtre à qui elles étaient adressées.

« Cher Monsieur le Curé, ce n'est pas seulement votre santé que vous exposez ; je crains que ce ne soit aussi votre vie. Je sais bien qu'il faut savoir en faire parfois le sacrifice aux causes qui en sont dignes. Et quelle cause la mérite mieux que celle à laquelle vous êtes prêt à vous dévouer ? Mais la vie d'un prêtre tel que vous est précieuse dans un diocèse ; il ne faudrait pas l'exposer sans profit. Le bien public demande aussi qu'elle ne soit pas risquée sans espérance

18

fondée de profit pour l'intérêt général. »

Pour se décider dans le sens de l'action, l'abbé Buathier aurait voulu être formellement et approuvé et encouragé par son Evêque ; il déclina toute candidature. « Je veux n'être candidat qu'au Ciel, disait-il, et ici-bas à la sainteté. » Puis, après les élections, datant une lettre de la fête de saint Louis : « Je suis bien aise de vous envoyer un mot en ce jour si *français*. Comme il y a besoin que saint Louis prie pour son pauvre royaume, livré au satanisme de la franc-maçonnerie ! Humainement, nous sommes perdus, mais il nous reste quelqu'un de plus sûr que tous les électeurs du monde ; il nous reste le Sauveur Jésus et son Cœur si miséricordieux. Voilà notre vrai refuge ; je suis persuadé que le Sacré Cœur sauvera la France, même au prix de beaucoup de souffrances et de sang. »

Ceux qui connaissaient à fond M. Buathier et qui appréciaient les ressources de cette brillante nature rêvaient pour lui d'autre chose encore que d'un mandat de député.

Mgr l'Evêque de Belley l'avait nommé chanoine honoraire, en lui confiant la direction du *Bulletin*. C'était le jour même de la fête de la Bienheureuse Marguerite-Marie, avait remarqué l'heureux bénéficiaire de cette distinction si bien méritée. Certaines personnes ayant des relations et quelque influence en haut lieu voulurent le faire parvenir à l'épiscopat. L'abbé Buathier fut effrayé de la perspective, il pria, demanda conseil, on lui répondit qu'il fallait laisser faire la Providence. N'importe ; ses alarmes ne se dissipaient pas. « J'en reste écrasé, écrivait-il ; et en vérité quand je ne considère que ma personne, je ne puis désirer ni espérer autre chose qu'un insuccès. Qui suis-je pour une telle grâce et une telle charge ?... Mais il y a la Miséricorde, et celle qui en est la Mère. Et je me dis tout simplement : Que la volonté de Dieu se fasse ! »

A deux ou trois reprises, le projet fut sur le point d'aboutir. Pour qu'il réussît définitivement, il aurait fallu que l'abbé Buathier se mît en rapport avec un personnage politique, qui l'aurait appuyé auprès des bureaux des Cultes. Jamais il ne put s'y décider. Intimement persuadé que c'était au divin Maître qu'il fallait abandonner le soin de tout conduire dans sa vie, il se serait bien gardé de faire une démarche de ce genre ou même de la laisser faire en son nom.

Pendant quelques années, la question sommeilla, le principal intéressé ne permettant à personne de la réveiller. Sur la fin de 1893, il écrivait encore : « J'ai toujours quelque souci au sujet de mon avenir; il y a quelque chose en l'air, et je pense que je ne resterai pas longtemps ici. Mais où irai-je ? Où le bon Dieu voudra, et le pari est ouvert, depuis la plus humble aumônerie jusqu'au plus haut siège. Je suis dans un calme très grand à ce sujet. J'ai conscience que notre Christ adoré prépare toutes choses; et quoi qu'il advienne, qu'il soit béni ! Priez à mes intentions, et demandez surtout que je devienne un Saint. O Dieu ! que j'en suis loin ! »

Enfin, la maladie aidant, il ne songea plus

qu'au repos, et dans les dernières années de sa vie, il plaisantait agréablement des vues que l'on avait eues sur lui. « On a voulu, disait-il, me mettre une mître sur le front. La Providence a jugé que la coiffure était trop lourde pour ma pauvre tête, et je crois qu'elle a eu raison. »

La mort approchait d'ailleurs ; il lui fallait de plus en plus se préparer directement pour l'éternité. Dieu lui envoyait une bonne part de souffrances physiques et morales, et lui-même, par l'esprit de foi généreuse avec lequel il les acceptait, par le détachement croissant des choses d'ici-bas, marchait au but suprême de ses plus ardents désirs, à la perfection.

CHAPITRE VIII

LA MALADIE ET LA MORT

Jusqu'a ce moment, à part la douleur de perdre sa mère et les alertes d'une santé toujours chancelante, M. Buathier avait été un homme heureux. On le lui disait, il en convenait avec une aimable naïveté. Intelligent, pieux et bon, d'une cordialité parfaite, réussissant, autant du moins que le malheur des temps permet à un prêtre de réussir dans le ministère des âmes, il ne lui manquait rien, si ce n'est ce je ne sais quoi d'achevé que la douleur donne aux âmes les mieux trempées. Vint le jour où il dut faire connaissance avec l'épreuve.

Ce faible organisme auquel il avait imposé tant de veilles et de fatigues, tant de travail intellectuel, était absolument ruiné. Depuis longtemps, le cœur était considéré comme la partie la plus atteinte chez lui, et en fait, c'était au fonctionnement irrégulier de cet organe qu'il fallait attribuer ces hémorragies nasales si abondantes et qui l'impressionnaient si vivement lui-même : lorsqu'il voyait son sang couler ainsi jusqu'à l'épuisement, sans que rien pût l'arrêter, il était pris de crainte et de tremblement, car il se sentait en face de la mort, en face des jugements de Dieu !

Il lui aurait fallu se nourrir copieusement pour reconstituer ses forces, mais l'estomac refusait le service ; quelques tasses de lait, c'était toute la nourriture qu'il pouvait prendre.

Déjà, sans doute, la tuberculose avait pénétré dans l'organisme et elle faisait son œuvre de consomption lente et cachée ; l'abbé Buathier ne s'en doutait pas, mais se voyant malade et voulant travailler encore pour la

gloire de Dieu, il cherchait tous les moyens
de guérir.

C'était le moment où l'abbé Kneipp était
dans tout le prestige de sa prodigieuse
popularité, on ne parlait que de Wœrishoffen,
et toutes les routes de la Bavière versaient
dans ce petit village, jadis inconnu, des
foules de malades aux affections diverses,
phtisiques, neurasthéniques, scrofuleux, rhu-
matisants, tristes épaves d'une humanité
dolente et sujette à tous les maux. L'abbé
Buathier y vint à son tour, accompagné d'un
ami, au mois d'août 1892 ; il passa, à la suite
de combien d'autres ! dans cette salle où
Pfarrer Kneipp donnait ses consultations, le
plus souvent après un coup d'œil jeté sur le
malade ; il suivit à la lettre, pendant quelques jours, son traitement de bains, de demi-
bains, d'affusions, de promenades, les pieds
nus, dans la rosée du matin ; certaines cures
merveilleuses dont il fut le témoin exaltaient
son espoir dans l'efficacité de ces prescriptions
diverses, auxquelles il se soumettait docile-
ment.

Dans l'intervalle, il observe le caractère si sérieusement religieux des habitants. Il aime à errer le soir dans les rues du village, à entendre, près de chaque maison, le murmure de prières récitées en famille, semblable au bourdonnement mystérieux, qui monte, au crépuscule, de la ruche au repos. Un des deux dimanches qu'il passe là-bas, c'est grande fête au pays, partout des guirlandes et des drapeaux ; les autorités du village, suivies de toute la population, viennent se réunir sur le seuil d'une maison de modeste apparence ; il en sort un tout jeune prêtre, accompagné de sa famille ; un cortège se forme, la jeunesse en tête, avec fanfares et décharges de mousqueterie ; hommes, femmes, jeunes filles, tous chantent un hymne national, et l'on conduit ainsi processionnellement le jeune prêtre jusqu'à la porte de l'église, où le vieux curé l'attend, pour assister à sa première messe. Tout le pays prend part à cette fête, et c'est vraiment pour tous une fête de famille. L'abbé Buathier était émerveillé et tout ému de voir l'esprit de foi qui animait ces braves gens.

Son séjour en Bavière s'acheva par une visite à Munich, dont les musées remplis des merveilles de l'art lui fournirent bon nombre d'observations et de notes pour le livre qu'il projetait encore sur le Beau. Quant à sa cure d'eau de Wœrishoffen, le résultat immédiat en fut une éruption sanguine, qui fut regardée comme un heureux symptôme, et une légère amélioration pour l'estomac. Il lui aurait fallu sans doute prolonger ce séjour de plus d'un mois encore, ou bien, de retour à St-Trivier, s'astreindre de tous points au traitement et au régime prescrits, faire de l'hydrothérapie dans les conditions voulues de préactions, de bains, de réactions, et ne faire que cela ; par conséquent, se contenter de dire sa messe, de réciter son bréviaire, fermer ses livres et ses papiers, chasser tout souci et se laisser vivre. Quand il eût été assuré de recouvrer à ce prix la vigueur de la plus brillante santé, jamais l'abbé Buathier n'eût pu se plier, ne fût-ce que pendant un mois, à ce genre de vie.

De retour chez lui, il installa un appareil

automatique de douches et d'affusions, s'en
servit deux ou trois fois, continua à parler
du système Kneipp avec une confiance enthousiaste, mais trouva qu'il lui faisait perdre
beaucoup trop de temps, le délaissa tout à
fait et revint à ses livres, à ses écrits, à ses
prédications, à sa vie dévorante de cœur et
d'âme.

Malade lui-même, il ne s'apitoyait point
sur son sort, mais il pensait à une autre
maladie sur laquelle il y avait vraiment
grande pitié, à notre chère France chrétienne,
à laquelle l'impiété sectaire arrache jour par
jour, avec la foi au Christ, sa vertu, sa
richesse morale et matérielle, son honneur
et sa mission séculaire de Fille aînée de
l'Église.

Et il rêvait d'une association d'âmes
jeunes, ardentes, toutes dévouées, (il en
connaissait quelques-unes qu'il groupait
déjà) qui s'immoleraient et dépenseraient
leur vie à l'œuvre de rendre à la patrie française, par la prière, par le sacrifice de soi-

même et par l'action, la lumière de la foi et la flamme de la charité chrétienne. C'étaient de vraies religieuses, au service de Dieu, pour la patrie.

Et il mettait cette œuvre sous le vocable d'une vierge qui avait été choisie de Dieu pour une mission extraordinaire, d'une martyre, dont le sang avait été versé pour Dieu et pour la patrie, de la vénérable Jeanne d'Arc, et sous la protection toute spéciale de Saint Michel, l'ange gardien de la France.

Cette grande pensée s'était emparée de son âme, il la travaillait, et lorsque la maladie, le soin de sa paroisse et la composition du *Bulletin* lui laissaient quelque loisir, il rédigeait les statuts de l'œuvre, ou bien par des lettres comme il savait les écrire, cherchait ici ou là des adhésions de cœur et de volonté à son idée de *religieuses françaises*. Il n'y voulait, disait-il, que des âmes détachées et abandonnées à tous les vouloirs divins. Certes, l'œuvre était belle, elle venait à son heure, et combien en est-il dont l'objet est moins important, moins pratique et moins surnaturel que celui-là !

Mais la mort guettait tout ces projets, et comme pour faire sentir à l'abbé Buathier toutes ses amertumes, avant de l'atteindre lui-même, elle le frappa dans l'objet de ses plus chères affections. Un deuil avait marqué les premiers jours de son ministère à St-Trivier : la mort de sa mère. Un autre non moins douloureux se préparait pour attrister les dernières heures qu'il allait passer dans cette paroisse. Depuis quelque temps, la santé de M. Buathier père déclinait rapidement. Tant qu'il avait pu sortir, on l'avait vu chaque matin longer la rue pour se rendre à l'église, un mouchoir sur les lèvres pour se défendre contre le brouillard humide et froid de la Bresse. Mais, au mois d'octobre 1893, dès les premières approches de l'hiver, il était condamné à garder la chambre ; plus de messes, plus de visites au Saint Sacrement, plus de communions à l'église, pas même à l'hôpital, bien qu'il fût beaucoup moins éloigné de la cure. Le pieux vieillard cherchait une compensation dans cette communion à la volonté de Dieu, qui est la patience et la résignation, et dans une prière à peu près ininterrompue : il avait toujours son chapelet à la main, et, avec quelle tendre dévotion il le récitait ! D'ailleurs, dans l'impossibilité où il était même de lire, le dévouement du jeune vicaire, M. l'abbé Rouby, lui venait toujours en aide par des lectures empruntées aux livres les plus sérieux ; cette âme s'élevait de plus en plus au-dessus des choses de la terre, et elle ne voulait plus penser qu'aux années éternelles du Ciel.

Puis, Jésus-Hostie visitait souvent cette maison où habitait la souffrance, et M. l'abbé donnait la sainte communion soit à M. le Curé, soit à son père. Car M. le Curé, lui aussi, était retenu par la maladie, et à chaque instant, devant une alerte nouvelle, un accès de toux, un crachement de sang, une forte fièvre, on se demandait laquelle de ces deux santés était la plus frêle, laquelle de ces deux vies allait s'éteindre la première.

Déjà, au commencement de septembre, l'abbé Buathier avait été gravement malade.

« J'ai passé une douloureuse semaine, écrivait-il, avec bronchite, fièvre, et le reste. Aujourd'hui encore je n'ai pu dire mon bréviaire. Je n'ai jamais été secoué à ce point. Heureusement, je n'ai pas repris mes hémorragies, sans quoi c'eût été la fin. Mais Dieu est si bon! Il mesure le fardeau aux épaules, continuez-moi vos prières pour que je sache me sanctifier dans la souffrance. Il me semble que je ne mourrai pas encore cette fois. »

Le 8, jour de la fête de la Nativité de la Sainte Vierge, il ne peut tenir dans sa chambre ; en dépit des prescriptions du docteur, il se traîne jusqu'à la chapelle de l'hôpital pour y célébrer le Saint-Sacrifice. « J'ai pu dire la messe entre deux vésicatoires, écrit-il ce jour-là. Je ne pourrai guère la redire avant quatre ou cinq jours. Mais j'étais si heureux de monter à l'autel, même au prix de beaucoup d'efforts! Le médecin appelle mon affaire une congestion pulmonaire! Et il paraît que ces choses-là ne se décongestionnent pas facilement. »

Il y eut, au bout de quelques jours, une

légère amélioration; puis, au milieu du mois de décembre, survinrent des crachements de sang, douloureux, abondants, avec une forte fièvre; M. le Curé fut condamné pour près de deux mois à ne pas sortir de chez lui.

Et son père, pendant ce temps, était alité, ses forces diminuaient rapidement, il fut bientôt visible que le fatal dénouement était proche, et le patient et doux malade en était tout heureux, car c'était l'approche du Ciel.

Depuis longtemps et tous les jours, il faisait le sacrifice de sa vie. « Je vous demande un service, avait-il dit au vicaire, le 1er janvier : ne me laissez pas partir pour l'éternité sans m'avertir que le moment de ma mort approche. Les malades se font toujours illusion. Je veux avoir le mérite de faire à Dieu le sacrifice de ma vie à ce moment-là.»

Quinze jours après, le service qu'il avait demandé lui était rendu. « Alors vous croyez que je vais mourir ? » dit-il, quelque peu étonné. Puis reprenant son esprit de foi, il se soulève à moitié sur son lit, se découvre,

19

et joignant les mains et baissant les yeux comme pour recevoir le coup de la mort, il reste un instant dans une méditation profonde, et se relève enfin, le visage rayonnant d'une douce et grave sérénité.

Le 16 janvier 1894, au matin, M. l'Abbé apporta le Saint-Viatique à la cure. M. le Curé en surplis avec l'étole reçut de ses mains les saintes espèces. Pâle, défait, dévoré par la fièvre, mais absolument maître de lui malgré sa douleur, il voulut se donner à lui-même, ainsi qu'à son vénéré père, qui le lui demandait, la consolation de lui administrer les derniers Sacrements. Le pieux vieillard reçut par lui pour la dernière fois le Pain des Anges qui avait si souvent ranimé son âme dans son pèlerinage ici-bas ; il offrit ses membres aux onctions saintes qui effacent les dernières souillures du péché, puis ayant été béni encore par ce prêtre qui était son fils, ayant renouvelé devant lui le sacrifice de sa vie, il attendit en paix, avec la sérénité du juste mourant, l'accomplissement de la volonté de Dieu. Ce ne fut que le surlendemain, 18 janvier, qu'il rendit le dernier soupir.

Son fils ne put accompagner la dépouille mortelle au cimetière, ni même à l'église. Il resta dans sa chambre de malade, le cœur pénétré de douleur, mais aussi du souvenir apaisant de cette vie et de cette mort si douce. « Quelle série d'épreuves ! écrivait-il quelques jours après. Toutefois la consolation y trouve sa place. Mon bon père est mort *saintement*, comme il avait vécu, et je ne puis croire que déjà il ne soit au Ciel, près de Dieu et de ma mère. »

Il allait bientôt laisser là, sous la garde de la Providence et des cœurs amis, les deux tombes aimées qui marquaient le début et la fin de son ministère dans cette paroisse. Mgr Luçon, évêque de Belley, attristé des nouvelles qu'il recevait de la santé de l'abbé Buathier, avait résolu de le soustraire aux soucis et aux travaux du ministère pastoral ; il lui avait offert tout d'abord une stalle de chanoine titulaire dans sa cathédrale, témoignant ainsi d'une particulière estime pour ce jeune curé, le plus distingué sans contredit des prêtres de son diocèse par sa haute valeur intellectuelle Mais le traitement des Chanoines avait été supprimé depuis quelques années par le Gouvernement, et si touché que fût l'abbé Buathier de la bonté et de la considération que lui montrait son évêque en l'appelant auprès de sa personne, à Belley, l'état de ses affaires ne lui permettait pas d'accepter une si honorable proposition. Les pauvres, les livres, les œuvres chrétiennes et paroissiales avaient depuis longtemps absorbé ses économies et celles de ses parents. Heureux encore, si son incorrigible générosité ne l'eût pas entraîné dans quelques dettes, peu importantes en soi, il est vrai, mais qui chargeaient déjà lourdement son humble budget de curé !

Il fallut donc renoncer au poste de chanoine. Pour le reste, M. Buathier s'abandonna à la Providence, qui ne lui fit pas défaut. « Je demande à Notre-Seigneur votre sainteté avec la mienne, écrivait-il à cette époque, un surcroît de fidélité et de confiance.

Je suis très incliné de ce dernier côté. Le bon Maître m'apparaît toujours sous cet aspect de miséricorde, de tendresse, d'infinie bonté. C'est qu'il m'en a donné tant de preuves ! Quand je songe combien peu je l'ai servi, combien souvent je l'ai offensé et que d'autre part je vois son incessante Providence me traiter en enfant de prédilection, je me sens ému d'un amour de reconnaissance, et ma dévotion au *Magnificat* augmente et devient un besoin. »

La Providence lui ménageait en effet un autre poste de repos, l'aumônerie de l'hospice des Incurables à Bourg. C'était bien la plus petite, la plus modeste des aumôneries, mais aussi la plus paisible, la plus commode pour un prêtre malade : dix religieuses, cinquante pensionnaires, souffrantes, infirmes ou âgées, l'aumônerie attenant à l'hospice, communiquant directement avec la chapelle, celle-ci chauffée dans les plus grands froids. Le ministère à remplir convenait bien à sa nature bonne et compatissante ; d'ailleurs atteint lui-même par la souffrance, il aurait grâce d'état toute particulière pour s'occuper des malades et pour s'acquitter de la touchante et délicate mission qu'a le prêtre, de consoler leurs peines et d'élever leur pensée vers le Ciel. Lui qui aimait tant les pauvres, avec quel bonheur il se rapprochait d'eux ! La charité des personnes qui avaient fondé cet hospice lui avait assuré en effet des ressources pour recevoir, à titre gracieux, un certain nombre de malades sans moyens d'existence.

Il s'installe donc à Bourg, le vendredi 15 février 1894, il prend connaissance de la maison et la première impression est très heureuse : les religieuses forment un petit groupe d'âmes dévouées, humbles, cordialement unies entre elles, qu'il désire porter à la perfection, les pensionnaires sont contentes et animées d'un bon esprit. La maison est toute en fête pour le recevoir. Et il rêve de passer quelques bonnes années de vie dans ce petit coin tranquille. « Il me semble que ces années des Incurables seront pour moi des années de recueillement, de prières, d'union plus étroite avec Dieu ; j'en ai besoin, après ces cinq années de labeurs et de souffrances. »

Or, le 23, au matin, sa bonne, Joséphine, voyant qu'il ne sortait pas à l'heure qui lui était habituelle, entra dans sa chambre, elle le trouva sur son lit, anéanti, inerte, et du sang partout ; un vomissement lui était survenu, et il n'avait pu se lever, ni appeler. Toute la maison fut en émoi, on crut que la dernière heure était arrivée, si grande était la quantité de sang qu'il avait rejeté ; on court chercher M. le Supérieur du Grand Séminaire, qui le confesse et lui donne l'Extrême-Onction, ses amis accourent tout consternés. L'un deux, l'un des plus fidèles et des plus distingués, M. Villefranche, lui envoie l'expression de sa sympathie dans une lettre touchante :

« Que ne m'est-il permis, à moi qui arrive à la limite ordinaire de l'activité humaine, de changer de place avec un vaillant et encore jeune athlète tel que vous !

« Je ne puis échanger que des vœux et

des prières. Je dirai le chapelet pour vous, ce soir, avec toute ma famille, comptant que de votre côté vous offrirez au Ciel pour nous une minute de vos souffrances. »

Ce n'était pas encore l'heure voulue de Dieu ; M. Buathier avait encore quinze mois à souffrir, quinze mois d'un Rosaire tout entier en mystères douloureux, mais avec les grandes pensées de la foi dans le cœur et la soumission filiale à la sainte volonté de Dieu. « Cette fois, dit-il, le divin Maître m'a conduit à l'extrême limite de la vie et m'a fait toucher au seuil de la mort. A voir les choses par cette porte entrebâillée, elles n'ont plus le même aspect et l'on comprend qu'il faut devenir saint, et que le reste est vanité. »

Il demande à guérir quand même, car il voudrait avoir beaucoup de forces à dépenser pour le bon Maître. Il prie donc et il fait prier, on fait des neuvaines pour lui ; à peine en a-t-on terminé une que l'on en commence une autre, sans se lasser ni se décourager. Tous ceux qui le connaissent se fondent en

prières, partageant, avec son désir, son invin-
cible espoir. Un prêtre qui était doué pour
faire tant de bien pouvait-il mourir si jeune ?

A la prière, s'ajoute ce que le dévouement
intime peut inspirer aux âmes de plus généreux. Des victimes volontaires, comme celle
qui s'était dévouée pour lui quinze ans
auparavant, s'offraient à Dieu, pour mourir à
sa place et être substituées à cette grande
victime sacerdotale, qui pouvait, en continuant à vivre, rendre à l'Eglise tant de services encore.

Lui-même se berce des illusions auxquelles s'abandonnent tous ceux qui sont
atteints de cette maladie. Il a vu les portes
de la mort ; mais il faut si peu pour vivre !
Tous les remèdes que l'on essaye sont impuis-
sants ; mais la bonté de Dieu est si grande
et la prière si puissante ! Et, en effet, à
certains moments, il paraît revenir à la santé,
il reprend assez de forces pour descendre à
son petit jardin d'aumônerie, boire l'air pur
et le bon soleil. Quel bonheur, lorsqu'il peut
reprendre la récitation de son bréviaire, sur-

tout lorsqu'il lui est permis de remonter
au saint autel et de célébrer les mystères
eucharistiques dont il a été trop longtemps
privé par la maladie ! Vite il l'annonce à ses
amis : il pourra bientôt faire son service tout
seul et se remettre à ses travaux. Et déjà il
peut aller voir ses malades, il passe dans les
salles, plus pâle, plus faible que toutes les
personnes qu'il y voit, mais plein de cette
vie de cœur, d'intelligence et de foi, qui
répand le bonheur partout où elle rayonne.

Mais ce ne sont que des répits de quelques
jours à peine : de nouvelles poussées de la
la maladie provoquent chez lui une toux
opiniâtre et amènent des caillots de sang ; en
quelques instants toute cette amélioration
apparente est compromise, et le voilà de
nouveau aux prises avec les angoisses d'une
crise qui peut être la dernière, tout au moins
avec les impuissances physiques et morales
qu'elle laisse après elle. Et parfois il passe
sur son front un nuage de tristesse amère et
découragée. Un regard sur le crucifix suffit à
chasser ce nuage et à ramener un bon sourire

sur ses lèvres décolorées ; il aime aussi à
baiser les médailles et les petites croix qu'il
porte sur lui, pieux trésor dont chaque objet
rappelle un saint aimé, un mystère cher à
son âme.

La Providence d'ailleurs continue à lui
témoigner de toutes spéciales bontés, au
milieu même de la maladie. Il n'a autour de
lui que des cœurs dévoués, tout d'abord la
personne qu'il a prise à son service depuis
plus de dix ans et qui, après avoir admirablement soigné M. et Mme Buathier malades,
remplit auprès de lui le même office de dévouement, puis la bonne Sœur que la Supérieure de l'hospice envoie plusieurs fois par
jour auprès de lui, pour lui porter les tasses
de lait qui sont toute sa nourriture, pour
aider à tous les soins nécessaires, souvent
pour le veiller la nuit. C'était bien le type
de la vraie Sœur infirmière, cette Sœur
Augustin, toujours gracieuse et dévouée,
gaie de cette gaieté ronde et franche qui met
l'entrain autour d'elle, intrépide et infatigable
à l'ouvrage. Que de fois ses saillies de bonne

humeur déridèrent le pauvre malade ! « Moi
aussi j'ai craché le sang, lui disait-elle. Et
même j'ai été condamnée par les médecins. Il
y a vingt ans de cela. Voyez si j'en ai l'air
maintenant !... »

Et un bon rire accompagnait la question.
De fait elle paraissait d'une santé superbe.
Et un an s'était à peine écoulé depuis la
mort de M. Buathier ; terrassée à son tour
par le vieil ennemi, qui s'était réveillé,
elle fut emportée en quelques semaines. Son
meilleur souvenir en mourant était d'avoir
été témoin de la patience et de l'esprit de foi
de M. l'aumônier et d'avoir adouci ses
derniers mois de souffrances.

Cependant la maladie suivait son cours.
Pendant l'été de l'année 1894, l'abbé Buathier ne put que très rarement monter au
saint autel. Cependant, la charité de ses
confrères et de ses amis suppléait à ses
impuissances, la messe se disait tous les
jours, les confessions étaient entendues
régulièrement, les saluts se donnaient aux

heures règlementaires, rien ne souffrait dans
le service de l'aumônerie, sauf le regret douloureux qu'avaient les malades de ne pas le
voir lui-même vaquer aux occupations de sa
charge. Il écrivait encore quelquefois, et
c'était assez souvent pour donner, à travers
ses conseils, des consolations à de pauvres
malades. « Mieux que personne, disait il, je
comprends la demi tristesse que répandent
sur votre vie les fatigues physiques ; rien ne
porte à la mélancolie comme une santé altérée.
Cependant il faut savoir réagir ; broyer du
noir ne mène à rien, ni à la guérison (au
contraire !) ni à la vertu. » Quand il ne peut
pas écrire lui-même, une plume discrète et
dévouée est toujours à sa disposition, pour
porter une bonne parole aux quelques âmes
qu'il dirige encore et pour donner de ses
nouvelles.

Mais l'hiver arrive, tantôt froid et neigeux,
tantôt pluvieux et humide, les accidents se
produisent, moins graves peut-être qu'au
début, mais plus fréquents, le malade dépé-
rit, il va s'affaiblissant de jour en jour, et il

devient évident, même pour lui, qu'il sera bientôt au bout de ce que la vitalité humaine peut avoir de force de résistance. Le 20 janvier 1895, il dit sa messe pour la dernière fois, et c'est une privation pour lui, très vivement sentie, de ne pouvoir monter au saint autel, le 21, fête de sainte Agnès, sa sainte de prédilection.

Une messe d'un genre particulier s'impose à lui, messe longue, silencieuse, mais débordante de mérites et d'efficacité surnaturelle, celle qu'il a si bien décrite dans le *Sacrifice!*

« Plus que toute autre action, la mort est une action sacerdotale. Quelle offrande plus complète ? L'homme entier y prend part, le corps et l'âme y sont immolés à la fois, d'une immolation totale, pénétrante, douloureuse, absolument semblable à celle de Jésus. Le lit du mourant est vraiment un autel ; la mort, une messe où le chrétien offre sa vie en union avec la Victime sans tache : *configuratus morti ejus.*

« Heureux qui le comprend ! Ce qui pour

tous est nécessité devient pour lui vertu. nous dirions presque, bonheur; car il recueille en mourant tous les fruits de son sacrifice. il achève de réparer, de racheter la vie qui s'éteint, il purifie son âme, il en expie les fautes, il en lave les souillures, il la baigne dans le sang du Calvaire, il la transfigure.

« Bien plus, s'il a le sens complet des choses de Dieu, à cette heure dernière, il dilate ses intentions, et comme Jésus à la croix, comme le prêtre à l'autel, il embrasse dans sa pensée toutes les âmes rachetées, il offre sa vie pour chacune d'elles, pour la sanctification des justes, la conversion des pécheurs, la glorification de Dieu et de son Christ.

« Quels magnifiques horizons ouverts au seuil de l'éternité! Comme elle est belle, la mort chrétienne ! Comme elle est féconde ! »

Dans cette page, il avait écrit d'avance l'histoire de son âme en cette dernière et décisive épreuve de la mort; il la réalisait maintenant, durant les longues heures de

silence auxquelles sa faiblesse le condamnait.
Sur la croix de la souffrance physique, seul
à seul avec Jésus, le Prêtre éternel, il consom-
mait le sacrifice de sa vie, savourant lentement l'amère douceur du calice final ; car il
le savait maintenant, il allait mourir, Jésus
lui en donnait l'intuition distincte, en armant
sa volonté de la résolution généreuse que
demande l'accomplissement du sacrifice suprême.

Comme il fallait éviter de le faire parler,
les visites amies étaient de plus en plus rares
auprès de sa couche ; mais ceux qui pouvaient
monter à cette petite chambre de l'aumônerie,
où il subissait sa lente, mais continue et
progressive agonie, étaient frappés du calme
et du grand air de dignité sacerdotale qu'il
conservait jusque dans les bras de la mort ;
la terre pour lui n'existait pas, ses intérêts
périssables passaient loin de sa pensée, il
était avec Dieu seul, et au moment où, à part
la flamme du regard, le corps ne paraissait
plus vivre, il y avait dans l'âme une vie
intense et de jour en jour plus surnaturelle

de foi et d'abandon à la sainte volonté de
Dieu.

On était au milieu du mois de mai 1895 ;
le malade dépérissait de plus en plus ; les
dernières limites de la faiblesse humaine
semblaient dépassées depuis longtemps, et il
continuait à vivre. Les personnes les plus
habituées aux malades ne pouvaient s'expliquer qu'il fût encore de ce monde.

Cependant à tous les symptômes qui
avaient précédé s'ajoutait le marasme, une
maigreur excessive qui réduisait son pauvre
corps à l'état de squelette ; la figure restée
jeune jusque là, vieillissait en deux jours et
devenait terreuse. Plus de sang, plus de vie,
c'était la fin. Deux fois déjà, dans le cours de
cette longue maladie, il avait reçu les derniers
Sacrements, et, chaque fois, il avait éprouvé
un mieux très sensible, Dieu lui rendant des
forces, semblait-il, pour souffrir encore,
mériter encore. Son confesseur, le P. Pierre-
Baptiste, capucin, lui proposa, le 16 mai, de
lui administrer l'Extrême-Onction et le Saint-

20

Viatique ; il accepta avec reconnaissance, et tout le temps que dura la pieuse et touchante cérémonie, les yeux fixés sur le prêtre, ou récitant avec lui tout bas une partie des sainte formules, il s'y unit intimement. C'était sa dernière communion ! et il la faisait sur la croix de son lit d'agonie.

La journée du lendemain fut relativement calme ; le moribond, n'ayant plus la force de se faire entendre, murmurait encore quelques prières ou restait abîmé dans le sentiment de son impuissance en présence de Dieu ; on respectait son recueillement et l'on priait pour lui. Mais la nuit du vendredi au samedi fut très agitée. De grand matin, deux Sœurs de l'hospice vinrent aider la bonne dans les soins à donner au mourant. Ne pouvant rester couché à cause de ses étouffements, il se tenait assis sur son lit, mais il fallait lui soutenir la tête. Maintes fois, on l'entendit murmurer : Mon Dieu, mon Dieu ! A plusieurs reprises, il baisa son Christ et ses médailles. Vers huit heures, le Père Pierre-Baptiste vint auprès de lui, il lui donna

une dernière absolution et resta aux pieds
du lit pour réciter les prières des agonisants.
Quand elles furent finies, le mourant luttait
encore. « Oh ! si je pouvais dormir ! » dit-il.
Il avait à peine prononcé cette parole, il eut
un regard d'angoisse, fit un léger souffle ; sa
tête retomba sur sa poitrine. L'ange de la
mort venait de le recevoir dans l'éternel
repos. Cette âme affamée de Dieu le possédait dorénavant dans la pleine vision et
dans le plein amour.

« Ah ! cette communion éternelle, avait-il
écrit, qu'en pouvons-nous dire ici-bas ? Nous
en rêvons, nous en balbutions, et c'est tout !...
Elles seront si heureuses, les âmes, qui par-
venues au terme de leur course, pourront
montrer, elles aussi, les traces de leurs
combats, les cicatrices des blessures reçues
pour Jésus, les stigmates d'un amour qui a
lutté pour rester fidèle, qui s'est sacrifié
pour rester pur... Plus de croix, ni de bour-
reaux, plus de douleurs, de larmes et de sang
comme au Calvaire ! Plus d'apparences

obscures comme au Tabernacle ! Tout est transfiguré, la victime dans la vie, le sacrifice dans la gloire : « J'ai été mort, dit le Fils de l'homme, mais voici que je suis vivant dans les siècles des siècles, et j'ai les clefs de la mort. »

La pieuse dépouille resta exposée durant trois jours sur la couche funèbre. Arrivé au moment où ce cher ami venait de rendre le dernier soupir, nous lui avions fermé les yeux, mais en raison de la maigreur excessive de la face, la paupière n'avait pu rester adhérente sur l'orbite, en sorte que le défunt resta ainsi les yeux ouverts, ce qui donnait à ce corps revêtu des ornements sacerdotaux une dernière et saisissante apparence de vie. Du samedi au mardi, tout ce que la ville de Bourg comptait de cœurs pieux défila dans la chambre mortuaire ; on priait, on contenplait cette figure émaciée, mais douce et calme, on faisait toucher des chapelets et des médailles à ces mains de prêtre, qui avaient tant béni !

Ce fut le mardi, 21 mai, qu'eurent lieu les funérailles. Malgré le mauvais temps, malgré les processions des Rogations, il y vint près de quatre-vingts prêtres ; la famille sacerdotale du diocèse de Belley avait pleine conscience de la grandeur de la perte qu'elle venait de faire. Quant à la foule qui voulait assister à cette funèbre cérémonie, il aurait fallu une grande église pour la contenir, la chapelle des Incurables était dix fois trop petite, et les flots des assistants débordaient dans la rue et sur la place voisine.

M. le Chanoine Perretant, Supérieur du Grand Séminaire de Brou prononça à l'Evangile une allocution émue sur ce texte de S. Jean : *Erat lucerna ardens et lucens.*

« Oui, mes Frères, disait-il, un flambeau vient de s'éteindre au milieu de nous ! Un flambeau qui avait eu de magnifiques rayonnements de lumière et de chaleur et qui semblait nous en promettre d'autres plus éclatants encore ! Par un privilège bien rare, M. le chanoine Buathier possédait à un égal degré les dons de l'esprit et ceux du cœur ; il

se servait avec un égal bonheur de la plume et
de la parole, et en même temps il était homme
d'action, et d'une action d'autant plus efficace
que chez lui se trouvaient réunies toutes les
qualités naturelles qui font accepter, aimer,
rechercher, le ministère du prêtre. Dans cette
nature exquise, il n'y avait rien de commun,
de vulgaire, rien que d'aimable, de bon, de
profondément sympathique. Et à travers
cette enveloppe si gracieuse, que sa fragilité
même rendait plus attachante encore, rayonnait une âme d'élite, dans laquelle Dieu avait
allumé la flamme de la charité, le feu sacré
du zèle et du dévouement. *Erat lucerna
ardens et lucens.*

« Hélas ! Dieu qui avait placé ce flambeau
au milieu de nous, vient de le retirer, au
moment où sa présence semblait plus particulièrement nécessaire, où les ténèbres
s'épaississent, où le froid gagne de proche en
proche et menace de glacer tous les cœurs !...
Au moins nous l'a-t-il montré assez longtemps pour que son éclat ait réjoui l'Eglise,
et que des milliers d'âmes, au loin comme

de près, aient pu marcher à sa lumière et se ranimer à ses rayons vivifiants.

« Car, mes Frères, ce n'est point ici un deuil ordinaire et qui n'intéresse que ce diocèse. A combien de prêtres de Belley n'est-il pas arrivé, dans le cours de quelque voyage même lointain, de s'entendre adresser simultanément ces deux questions, dont le rapprochement seul dit assez quelle place tenait dans l'opinion celui que nous pleurons : « Où en est la cause de béatification du curé d'Ars ?... Que fait M. Buathier ? Nous donnera-t-il bientôt quelque nouvel ouvrage ? »

Celui auquel s'adressait pareil éloge venait de mourir dans la quarante-cinquième année de son âge : il avait, en peu de temps et dans une situation modeste, fourni une carrière bien remplie et il ne laissait après lui que les larmes de ses amis, les bénédictions d'une foule de cœurs meurtris, qu'il avait relevés et consolés, et les regrets des pauvres. Il fut lui-même inhumé au rang, comme un pauvre. Mais dès le lendemain, une famille

amie s'empressait de donner, pour recevoir
sa dépouille, un terrain de concession perpétuelle, terrain vierge d'ailleurs et qui allait
unir désormais dans la même tombe le sacerdoce et la pureté baptismale, puisqu'il n'avait
jamais reçu que le corps d'un petit enfant.
Les condisciples de l'abbé Buathier élevèrent
là, en souvenir de leur ami, une pierre
modeste, qui n'offrait au regard, avec son
nom, que deux emblèmes : un calice et un
livre !

Il repose dans ce paisible cimetière, au
cœur de la Bresse qu'il avait tant aimée.
Mais son œuvre continue et sa mémoire est
partout bénie. L'humanité, au milieu de ses
souffrances, a besoin de pensées fortifiantes
pour consoler sa douleur et ranimer son
courage ; elle en aura, dans le *Sacrifice*, une
source toujours abondante et pure.

APPENDICE

LE SACRIFICE ET LE BEAU

N OTRE *but, en donnant cet Appendice, est de faire connaître, au moins dans ses grandes lignes, le plan que M. Buathier se proposait pour son étude sur le* Beau. *Un certain nombre de lecteurs, nous aimons à le croire, nous sauront gré de publier ces notes précieuses, et de les présenter ainsi, dans le pêle-mêle des lectures ou des inspirations de chaque jour, sans essayer de les arranger et de leur donner leur forme dernière.*

Nous estimons, et plus d'un sera de notre avis, que toucher à ces pensées, ce serait les déflorer. Détachées les unes des autres, recueillies pour ainsi dire à l'état de conceptions premières et telles qu'elles sont sorties du grand esprit qui voulait les réunir en un tout harmonieusement distribué, elles n'en ont que plus de force parfois, mais assurément plus de charme et de fraîcheur.

Les quatre premiers chapitres, nous l'avons dit, figurent en Appendice dans les dernières éditions du Sacrifice *de M. Buathier* (1). *Nous ne les reproduisons pas ici, notre intention étant de ne livrer au public que ce qui est inédit dans son travail sur le* Beau. *Si certains chapitres sont par trop incomplets, le lecteur n'en accusera que les impuissances de la maladie et les rigueurs de la mort.*

---

(1) Librairie Beauchesne, rue de Rennes, 83, Paris.

PREMIÈRE PARTIE

I. — DU BEAU EN GÉNÉRAL

Ce qu'il est en lui-même. Sa nature : Ordre et splendeur, Vie.
Son caractère *absolu*.
Sa source unique : *Dieu*.
Ses manifestations diverses : naturelles et surnaturelles.

II. — LA BEAUTÉ DE DIEU

La Sainte Trinité.
Le Père.
Le Fils ou le Verbe.
Le Saint-Esprit.

III. — LA BEAUTÉ
DE NOTRE SEIGNEUR JÉSUS-CHRIST

Le Dieu Homme, sa nature divine et humaine ; sa personne.
Sa vie cachée, son enfance, son adolescence.
Son apostolat, sa vie publique, ses miracles.
Sa Passion : ses douleurs, sa mort.
Sa Résurrection, son Ascension, sa gloire.

IV. — LA TRÈS SAINTE VIERGE MARIE

L'Immaculée, la Vierge : Elle est belle.
La Mère de Dieu ; ses rapports avec la Trinité... Elle
est puissante.
La Mère des hommes... Elle est bonne.
Principales œuvres artistiques sur la Sainte Vierge.

V. — BEAUTÉ DES SAINTS

L'Ame. — L'Ame a été créée à l'image et ressemblance de Dieu ; elle est faite pour Dieu et les choses éternelles. Aussi n'est-elle vraiment belle que lorsquelle se tourne vers ce foyer de sa vie, comme ces fleurs qui ne s'épanouissent que lorsqu'elles regardent et reflètent le soleil.

Elle atteint sa suprême beauté, quand Dieu resplendit en elle par sa grâce. « Qui verrait une âme en qui Dieu est par sa grâce, dit Bossuet, ce qui ne peut être vu que par les yeux de l'esprit, croirait en quelque sorte voir Dieu même, comme on voit en quelque sorte un second soleil dans un beau cristal où il entre pour ainsi dire avec ses rayons. »

« De ce rayonnement de Dieu sur elle-même l'âme reçoit sa beauté, avait dit avant lui saint Augustin. *Unde intelligitur omnem animam participatione lucis Dei, non per seipsam esse pulchram* » (*Contrà Faustum*, l. 12, c. 13.)

Dieu est la splendeur des âmes fidèles, selon l'expression du Sacramentaire grégorien, *Deus fidelium splendor animarum.*

Quelle élévation, même naturelle, ne donnent pas à l'âme la pensée habituelle de Dieu, l'imitation constamment poursuivie du Christ-Jésus, l'orientation vers l'éternité !

A ces sources limpides les enfants eux-mêmes puisent une maturité de raison, une gravité et une grandeur de vie, qui les rendent participants de la sagesse des vieillards, comme il est dit de sainte Agnès : *Infantia quidem computabatur in annis, sed erat senectus mentis immensa.*

* * *

Un homme sans religion ne sera jamais un homme absolument supérieur.

1º Même au point de vue intellectuel, qu'on le veuille ou non, l'exclusion de tout commerce avec Dieu est le signe infaillible d'un esprit inférieur. Car enfin, ou bien cet esprit néglige les questions religieuses par indifférence, et c'est un esprit superficiel ; ou bien il les aborde avec la passion de la haine ou avec une opposition préconçue, et c'est un esprit infirme, médiocre et vulgaire.

2º Il faut dire la même chose du cœur. Assurément et à la rigueur, un cœur peut, en dehors des mobiles surnaturels, être bon, compatissant, affectueux. Mais d'une part, il lui manquera toujours le plus parfait des amours, qui est l'amour de Dieu ; et d'un autre côté, par une conséquence nécessaire, la bonté naturelle qu'il exerce envers les créatures reste privée de son principe le plus élevé, de son ressort le plus puissant : c'est un cœur amoindri, rapetissé !

3º Enfin, si du domaine en quelque sorte spéculatif nous passons au terrain de la pratique, la même conclusion s'impose. Le dévouement, le sacrifice, l'héroïsme même ne sont pas choses exclusivement chrétiennes, mais ce sont choses plus parfaites chez le chrétien et plus constantes. L'antiquité nous montre quelques héros ; l'Eglise nous montre des millions de martyrs et des multitudes innombrables de Saints, spectacle absolument inconnu avant l'Evangile.

Et si maintenant nous prenions la contre-partie, quel effrayant surcroît de démonstration ! En dehors de la foi, nous l'avouons, on trouve quelques lumières, quelques amours, quelques vertus : lumières pâlies, affections amoindries, vertus raréfiées. Mais à côté, on trouve le péché enveloppant la multitude des âmes sous sa double forme d'erreur et de vice.... C'est la laideur à un degré effrayant.

Dans le paganisme, c'est l'esclavage, la cruauté, les vices innommables.

Au sein du christianisme, à mesure que la foi baisse, c'est le rationalisme, le positivisme, le nihilisme intellectuel, c'est, dans l'ordre moral, l'orgueil, la luxure, le retour au paganisme et à une barbarie d'autant plus redoutable qu'elle est plus savante.

Des pécheurs l'on peut dire : Les vilaines gens !

.   .   .   .

.   .   .   .

*
*   *

Pour nous consoler, voyons les âmes fidèles, les âmes des Saints.

Ce qu'on voit dans l'âme des Saints, c'est Dieu, sa grâce, sa vie, presque déjà sa gloire. Et voilà ce qui captive, car voilà ce qui rayonne !

Les Saints ont le noble et céleste souci de la perfection. « Approchez, dit le Prophète, et vous serez illuminés. » Les Saints sont ceux qui approchent le plus de Dieu et en reçoivent le plus de splendeur. Leurs âmes l'enveloppent de leurs chastes tendresses, et Lui les environne de sa lumière.

C'est le Saint-Esprit qui, achevant dans les Saints l'œuvre de la sanctification, les rend parfaits. C'est de Lui que vient leur beauté. *Spiritu signamur, ut splendorem atque imaginem ejus tenere possimus.* (S. Ambroise).

La sainteté, c'est l'épanouissement complet de la vie divine dans l'homme.

La beauté de l'âme se compose des vertus et de leur harmonie. Les vertus sont l'épanouissement, la floraison de la grâce.

Conduisant au bien, la vertu conduit nécessairement au beau.

La reine des vertus est celle qui conduit au souverain Bien : c'est la charité ! Nulle voie plus directe pour atteindre le Beau.

La vertu existe même au Ciel, non plus à l'état d'effort, de sacrifice, mais à l'état de tendance au Bien.

* * *

Ce qu'il y a de beau dans les Saints, c'est tout d'abord leur immolation d'eux-mêmes. Quel spectacle, l'homme aux prises avec les passions, les tentations, la persécution !

On a dit que l'ascétisme mutile l'homme et la vie. Oui, l'homme animal, mais au profit de l'homme intellectuel, moral, spirituel. Oui, la vie sensuelle, mais au profit de la vie de l'âme. L'ascétisme amincit l'enveloppe, soit ! mais pour la rendre plus transparente, et mieux laisser rayonner la flamme intérieure.

Il est beau de voir le résultat de ces premiers efforts : l'âme se dégageant, se purifiant, s'embellissant.

Beauté de la lutte ! beauté du triomphe ! Ici-bas les âmes n'atteignent complètement que la première ; mais elles ont déjà un reflet de la seconde.

Les Saints sont les plus étonnantes créatures d'ici-bas. C'est chez eux comme une lave ardente, un immense courant d'amour et de sacrifice. « Ne pas se contenter de peu », disait sainte Thérèse.

Les Saints se jettent résolument dans le moule de l'éternité. Ce moule, ici-bas, les étreint parfois jusqu'à les faire crier, jamais jusqu'à le leur faire briser pour en sortir.

Les choses présentes, les choses qui passent ne leur sont plus rien qu'en vue de l'avenir... et de Dieu. Tout l'être s'agrandit, se spiritualise, se divinise.

« Oh ! qu'il était beau à voir, s'écrie Celano, en parlant de saint François d'Assise, qu'il était beau à voir dans l'innocence de ses mœurs, dans la candeur de son âme, dans l'angélique expression de tous ses traits ! »

* *

Au lendemain de son entrée à la Visitation, la Bienheureuse Marguerite-Marie vint demander à sa Supérieure le secret de faire oraison. « Allez ! lui dit celle-ci, mettez-vous devant Dieu comme une toile d'attente devant un peintre. »

Voilà les Saints pris sur le vif, et voilà le secret de leur perfection, comme aussi le secret de leur beauté. Par eux-mêmes, ils sont peu de chose, une simple toile d'attente ! Mais cette toile, c'est Dieu qui la peint ! On peut dire qu'à ce travail le divin artiste met tout son amour. Aussi quel charme dans cette œuvre et quelle variété ! Voici les Apôtres aux pieds superbes, *speciosi pedes !* Voici les Martyrs aux rangs héroïques, leurs palmes d'or à lamain ! Voici les Docteurs à la plume puissante et aux lèvres de feu ! Voici les Pontifes, dont la majesté rayonne ! Voici les Vierges aux robes blanches, dont la beauté captive !.. Admirables phalanges, telles que Flandrin les a entrevues, et qui forment au Ciel la cour du Roi !

* *

Dans le travail de la sainteté, l'amour couronne tout. Les Saints ont aimé Dieu avec passion, et pour Dieu, les hommes, avec la plus dévouée des tendresses.

Les Saints sont beaux dans leur esprit, habitué à la contemplation de Jésus et des vérités éternelles ; cette contemplation produit dans leur âme une lumière qui vient du foyer surnaturel et qui éclaire leur route.

Les yeux deviennent d'azur, dit-on, à force de regarder le firmament. De même à force de regarder Dieu, leur cœur s'éprend des perfections divines ; l'amour ajoute sa force et sa vie aux clartés de la méditation.

Le culte païen avait pour mobile l'intérêt et la crainte, jamais l'amour. C'est le contraire dans le christianisme. L'amour est le principe unique, au moins le principe dominant de tous les hommages, et souvent il absorbe tous les autres.

Nul n'a une physionomie plus caractérisée, plus profonde, plus expansive que les Saints, parce que nul n'est *quelqu'un* au même degré. Les Saints sont des hommes qui savent ce qu'ils veulent et qui le veulent énergiquement. Ce sont des esprits qui croient, des cœurs qui aiment et se dévouent, des caractères fortement trempés.

* *
*

Avez-vous remarqué que chaque genre de sacrifice amène avec lui, non seulement un degré différent, mais encore une nuance particulière de beauté ? Du paisible devoir de chaque jour à l'acte héroïque du martyre, il y a une échelle morale, une échelle esthétique également, semblable à celle de Jacob et allant de la terre au Ciel. Les âmes fidèles, comme autrefois les Anges, en montent les degrés, depuis les âmes simples à la robe sans éclat jusqu'aux âmes de feu.

L'homme n'est beau que dans la mesure où il veut souffrir, souffrir pour Dieu et sa cause, pour le péché et sa réparation.

Et l'homme est laid dans la mesure où il rejette toute souffrance, pour s'enfoncer dans le plaisir.

21

La beauté chrétienne est une beauté douloureuse
et pathétique. qui ravit les âmes. La forme antique
n'avait su rendre que la belle vie animale. Une âme
divine dans un corps déchiré, voilà l'esthétique
chrétienne. Le centre de l'esthétique s'est donc
déplacé avec la Rédemption.

Ah ! le chemin que Dieu ordonne de suivre est
un beau chemin. Il s'appelle devoir. souffrance,
amour ! Et c'est le chemin du Beau parfait !

Qu'elles sont belles, ces vies de Saints, agitées,
persécutées, crucifiées, et cependant toujours
calmes. je dirais toujours heureuses, toujours
rayonnantes de la lumière d'en haut !

De même qu'en creusant le sol à une certaine
profondeur. on y trouve toujours de l'eau, de même
en creusant l'âme humaine on y découvre toujours
des pleurs.

Quand les cordes de l'âme sont tendues par la
douleur. elles rendent des sons plus purs.

La sainteté n'a pas seulement de l'analogie avec
la poésie : elle est la poésie elle-même, et la plus
haute poésie. parce que l'âme des Saints est tout
imprégnée de Dieu, le poète infini et l'éternel artiste.

La beauté grecque, a-t-on dit, séduit par son
calme tranquille, par ses proportions solides, par
le rayonnement de sa santé, de sa modération et
de sa force. La beauté chrétienne est plus morale,
plus intime ; elle vient du fond de l'âme. elle en
exprime les ardeurs et la vie, les espérances infinies,
la foi puissante et sûre d'elle-même.

VI. — BEAUTÉ DE L'EGLISE

Hiérarchie de l'Église.— Dieu, le Christ, la Vierge, les Saints, tout cela réuni, c'est l'Eglise universelle, allant de la terre au Ciel, dans la communion à la même foi, au même amour. Vue ainsi dans son ensemble, qu'elle est radieuse ! *Quam pulchra tentoria, Israël.*

Saint Denis l'Aréopagite appelle la hiérarchie de l'Eglise, *deiformam venustatem.* Même à ne considérer que la partie voyageuse et militante de cette Eglise, quelle beauté encore ! Si le beau, comme a dit excellemment S. Augustin, n'est autre chose que la variété dans l'unité, rien dans tout l'univers ne l'emporte en beauté sur la sainte Eglise catholique, qui réunit dans l'unité d'une même foi, dans la communauté d'une même religion, sous la houlette d'un seul pasteur, la diversité des races, la multiplicité des peuples : 217,000,000 de catholiques se groupent autour du Vicaire de Jésus-Christ. Quelle diversité de races et de langues, d'usages et de rites religieux ! Mais quelle unité dans la foi, dans le gouvernement, dans les sacrements, dans le but à atteindre ! Quelle variété dans l'unité !

Sacrements . . . .

. . . .

Prières. . . . .

. . . .

Liturgie. Le culte et la liturgie sont l'expression publique des croyances et des sentiments de de l'âme. Ils traduisent la foi, l'espérance, l'amour, l'adoration.

Dans sa liturgie, l'Eglise demande à tous les êtres créés de l'aider à louer Dieu. Elle fait appel aux trois règnes de la nature. Au règne minéral, elle demande la pierre et le marbre pour ses cathédrales, l'airain pour ses cloches, l'or et l'argent pour ses vases sacrés. Au règne végétal, elle emprunte les fleurs de l'autel, l'huile des sacrements et de la lampe du sanctuaire, mais surtout le pain et le vin du sacrifice. Le règne animal enfin lui fournit la cire de ses cierges, la toison de ses palliums, la soie de ses ornements.

Toutes ces créatures, qui avaient été atteintes indirectement par la chute et le péché, se réconcilient pour ainsi dire avec Dieu dans le concours qu'elles apportent à la manifestation de sa gloire et dans la part qu'elles prennent à l'expression de son culte. Elles réparent ainsi tant d'outrages dont elles ont été les instruments, ayant si souvent servi au péché, à la vanité, à la corruption de l'homme. *Vanitati enim creatura subjecta est non volens.* Rom. VIII, 20.

La Mort, au point de vue chrétien. Au *Campo santo* de Turin on admire un beau monument funéraire, œuvre du sculpteur Angelo Cuglierero. Un ange emporte au Ciel, avec respect et tendresse, un jeune enfant, c'est le fils du comte Armand di San Salvatore. L'ange s'incline sur l'enfant, qui lui sourit.

Les Moines. Chants des moines d'Irlande dans les monastères fondés par saint Patrice. C'étaient les vieux chants des bardes. « Une fois bénis et transformés, dit un vieil auteur, ces chants devinrent si beaux que les Anges de Dieu se penchaient au bord du ciel, pour les écouter. »

VII. — LE CORPS ET LA PHYSIONOMIE

Le corps humain est le vêtement de l'âme ; il en prend la forme.

Chez les Saints, il a déjà quelque chose de céleste ; il porte les marques de la grâce, en attendant celles de la gloire.

Chaque créature n'offre-t-elle pas quelque image ou quelque vestige de Dieu ?

* * *

Ce que l'art peut représenter de plus noble, c'est la figure humaine ; ce que la figure humaine offre elle-même de plus saisissant, c'est le reflet de l'âme ; et ce que l'âme a de plus beau, c'est la marque divine. Il est une gradation qui va depuis le visage banal de l'homme vulgaire jusqu'au radieux visage des Saints, en passant par le visage expressif des hommes de pensée et des hommes de caractère.

* * *

Toutes les difformités du corps humain, toutes les traces de laideur, rides, taches, défauts, sont l'œuvre du péché, non pas toujours du péché individuel, mais au moins d'un péché antérieur. Adam et Eve avaient été créés dans la perfection de l'être avec la beauté corporelle intacte. Le péché a peu à peu déformé le corps de l'homme, et chaque génération coupable ajoute à cette laideur ; comme aussi chaque génération juste, sainte, pure, tend à ramener le corps à sa perfection originelle. C'est le mystère de l'influence de l'âme sur le corps.

La dégradation produite sur le visage par le vice varie selon le vice lui-même.

Dans la débauche, le front s'abaisse, les lèvres s'épaississent, les yeux s'enfoncent, ils se troublent ou s'allument de lueurs fauves. Et l'on voit des faces humaines marquées du stigmate de l'abjection et où la bête montre son empreinte.

La langue italienne, qui est par excellence la langue de l'art, confond dans une même expression le bestial et le laid : *brutto !*

Cette dégradation se fait progressivement. L'empreinte divine résiste d'abord aux attaques des passions, mais peu à peu la bestialité prend le dessus, et l'on arrive à des races étiolées, enlaidies, semblables à la race de Cham !

David d'Angers écrivait à Victor Pavie, le 3 février 1837, en parlant du buste de Victor Hugo, qu'il avait entrepris : « Il est temps de se mettre à ce travail ; car la partie *sensuelle* de son visage commence à lutter vigoureusement contre la partie intelligente, c'est-à-dire que le bas du visage est presque aussi large que le front. »

*
*   *

Chez tous les hommes qui sont quelqu'un, l'aspect extérieur correspond étroitement à l'état de l'âme.

Une simple femme du peuple, intelligente du reste et pieuse, mais sans instruction supérieure, parcourait le bel album des Missions. On voit là des physionomies et des figures sans nombre, de tout pays et de toute condition : indigènes, voyageurs, missionnaires. Après avoir feuilleté les quatre volumes de ce beau livre, elle fit la remarque que rien n'approchait, comme beauté et attrait de physionomie, de la figure de nos Evêques missionnaires.

Et de fait, nous fûmes frappé de la vérité de

cette observation. Il y a là une centaine au moins de figures épiscopales, très diverses de lignes, toutes très expressives de physionomie ; des figures franches, douces et fortes, où la bonté et l'intelligence s'unissent à je ne sais quelle pensée supérieure, qui a marqué son empreinte sur ces fronts : la pensée de Dieu et des âmes ! On sent des âmes pleines du Christ et rayonnantes de sa lumière, selon la belle pensée de saint Ambroise : « *Omnis anima quæ Christum cogitat in lumine semper est.* »

Lacordaire : belle et pure physionomie, faite d'intelligence et de chasteté.

* *
*

Il est des Saints transfigurés dès ici-bas.

Il est écrit de saint Etienne, premier martyr, que son visage ressemblait au visage d'un ange.

Moïse, pour s'être approché de Dieu, a le front illuminé de merveilleux rayons.

Dans les actes de sainte Martine, nous lisons que des blessures de son martyre s'échappe une lumière qui prélude à sa gloire et des parfums qui embaument.

Il est raconté du bienheureux François de Posados, comme aussi de saint Paul de la Croix, que pendant qu'il célébrait les saints Mystères, les rides de son visage s'effaçaient, son front devenait transparent comme le cristal, ses joues, ordinairement pâles, étaient rouges comme du feu. La présence de Dieu et sa beauté rajeunissaient et embellissaient ce corps brisé par la pénitence.

Chez les Saints, le corps porte les célestes vestiges du passage de Dieu, de son habitation, de son action. Sainte Agnès disait d'elle-même que le Sang de Jésus-Christ ornait ses joues : *Sanguis ejus ornavit genas meas.* Beauté admirable, devant laquelle pâlit l'éclat du soleil et des astres : *Cujus pulchritudinem sol et luna mirantur.*

* * *

Certains corps semblent posséder déjà les qualités glorieuses qu'ils posséderont au Ciel ; ils ont de la transparence, presque de l'immatérialité.

Quelle différence de physionomie on remarquait entre saint Vincent de Paul et l'abbé de Saint-Cyran ! Le premier avait une figure un peu grossière, mais elle était transfigurée par la charité ; le second avait une figure régulière, mais dure.

L'habitude de la prière donne également aux âmes une physionomie à part.

Chez les vierges, dit saint Cyprien, le corps commence, dès ici-bas, d'emprunter quelque chose de l'état spirituel et glorieux promis aux justes ressuscités. *Vos resurrectionis gloriam in isto sæculo jàm tenetis.*

Dieu a créé le corps pour être l'instrument de l'âme ; mais cet instrument s'est désaccordé ; la pénitence le ramène à la note juste, à l'harmonie.

« L'âme soutire » disait Maurice de Guérin. Oui, elle soutire le corps ; elle l'amincit et parfois elle l'épuise et le tue.

VIII. — DE LA BEAUTÉ NATURELLE

Beauté de l'Homme. Une tête qui pense ou qui rêve, une figure qui sourit, c'est déjà captivant, comme tout ce qui parle à l'esprit ou au cœur.

J'ai admiré le beau masque de Pascal, d'après lequel le frère du fameux P. Quesnel exécuta un portrait dont la gravure, par Edelinck, a servi de type à toutes les reproductions. Il y a encore de la pensée sous ce front, et je ne sais quoi de grave et de pieux sur ces lèvres.

La Songeuse de Nicolas Maes. (Musée royal de Belgique). C'est une femme âgée, profondément pénétrée de la lecture qu'elle vient de faire. Elle appuie la tête sur la main gauche, ferme les yeux et médite. Sa pensée est grave autant que profonde : ce doit être une pensée pieuse, religieuse, des choses éternelles. Et la Bible ouverte à ses côtés, aux prophéties d'Amos, nous aide à le croire. C'est la figure de la méditation ! Elle ne nous ravit pas ; mais comme elle nous en inspire ! On passe devant elle avec respect, et aussi en silence, comme si on craignait de troubler un tel recueillement.

* * *

L'honneur un des plus beaux sentiments humains. C'est le culte des grandes choses, de ce qui est pur, noble, difficile. Il y entre du dévouement ! C'est la crainte de la souillure et l'amour de la beauté.

* * *

Le rire n'est jamais beau ; il est beaucoup de belles larmes. C'est que le rire a un caractère superficiel ; souvent au contraire les larmes viennent du plus intime de l'âme et expriment à leur manière une transfiguration intérieure. Beauté des chants tristes !

* * *

Les hommes ont été si frappés de la beauté des créatures visibles qu'ils les ont prises parfois pour des divinités. *Specie delectati Deos putaverunt.* (Sap. XIII. 3.)

BEAUTÉ DE LA NATURE. Même dans l'ordre purement naturel, une âme a déjà tant d'attraits, d'aspects divers, de mystères intimes ! Comme elle peut captiver, soit qu'elle rêve, qu'elle pense, qu'elle agisse, qu'elle se passionne, qu'elle souffre !

Et la nature elle-même ! N'a-t-on pas dit avec raison qu'un paysage est *un état d'âme* ? Ce n'est pas en effet une imitation plus ou moins réussie de tel site ; mais c'est la nature ayant passé dans l'intelligence et le cœur de l'homme et nous arrivant tout émue de ce contact humain. Comment y resterions-nous indifférents ? d'autant plus que cet état d'âme laisse entrevoir tant de rayons d'en haut ! Dieu jette sur la nature quelque reflet lointain de sa beauté : c'est un manteau de feuillage ou de fleurs sur la terre, c'est l'écume et le bruit de la mer, c'est le chant et le bruissement d'ailes des oiseaux, le murmure du ruisseau, le lever de l'aurore.

La nature est aussi l'œuvre de Dieu ; on y découvre sa trace et elle doit le glorifier. Elle est la manifestation du Verbe dans l'œuvre naturelle de la création.

Aussi faut-il poursuivre, dans la nature, non pas seulement ce qu'elle a de palpable et de plus accusé au regard, mais encore et surtout ce qu'elle renferme d'insaisissable, j'allais dire, d'invisible et d'indéfini ; et pourquoi ne pas ajouter, ce qu'elle a de divin ?

* * *

Tàm multa genera linguarum sunt in hoc mundo, disait saint Paul : *et nihil sine voce est.* (1 Cor. XIV, 10). Rien n'est sans voix dans la Création ! Toutes les œuvres de Dieu parlent à leur manière. Et elles ont pour devoir de parler de Lui.

Il est des paysages qui chantent si bien la munificence de Dieu par la magnificence de son œuvre !

D'autres murmurent doucement sa bonté, d'autres
encore, sa délicate tendresse, chacun épelant une
syllabe ou une strophe du poème de la création.

* *
*

La nature : le paysage qu'elle nous offre est l'œuvre
la moins déformée de Dieu. Rien n'a troublé le
front des montagnes, rien n'a souillé leurs neiges
éternelles, rien n'a troublé le doux feu des étoiles
ni l'azur du firmament. La mer a toujours ses mêmes
eaux limpides ou grondantes ; les forêts gardent
leurs mystères et leurs sombres verdures, et le vent
ne cesse d'y faire résonner ses harmonies sauvages.

O Dieu ! vos œuvres sont toujours belles, et la
trace de vos doigts n'en n'est point effacée. Et c'est
pourquoi sans doute cette nature, que vous avez
créée, a tant d'affinité avec notre nature, à nous, qui
sort aussi de vos mains, ou plutôt qui sort de votre
cœur !

N'est-ce point ce qui nous captive dans les
paysages divers ? Ils répondent, comme un écho, à
notre âme, à ses aspirations ou à ses regrets ; les
uns lui parlent d'infini et de mystère, les autres, de
jeunesse, de grâce et de fraîcheur ; ceux-là sont
puissants comme la vie, ceux-ci tristes, désolés
comme la mort ; tous, par quelque côté, répondent
à un élan, ou peut-être à un soupir de notre cœur,
et nous chantent une hymne ou une plainte.

* *
*

« Un autre secours pour moi, c'était la vue des
champs, de l'eau, des fleurs, » disait sainte Thérèse,
au milieu de ses plus cruelles angoisses. L'œuvre
si admirable de Dieu la reposait, la fortifiait et
l'élevait.

Et d'autre part, qui ne connaît cette tristesse qu'apporte parfois l'aspect de l'infini et qui redit à sa manière et notre petitesse et notre besoin de Dieu ?

Nous aussi, avec le poète, nous croyons que ce n'est point perdre son temps que d'admirer
Tout ce que la nature a de beautés divines,
Qui flottent sur les monts, les bois et les ravines,
Avec l'onde, l'ombre et le vent.

(*Voix intérieures, XIV*).

DEUXIÈME PARTIE

I. — L'ART

L'Art n'est pas une imitation ; il est une création,
ou une transfiguration. S'il n'était qu'une copie de
la nature, à quoi bon, puisque nous avons l'original
sous les yeux, plus parfait, plus vivant que toute
photographie !

Assurément on doit tenir compte du réel, mais
pour l'idéaliser ; le réel est la matière de l'art,
l'idéal en est l'esprit.

L'art, c'est une magie, c'est un souffle d'amour
qui transfigure tout ce qu'il touche.

*   *
*

Dans l'art, il y a trois éléments : l'intelligence
humaine, éprise d'idéal ; la matière, qu'il s'agit de
transfigurer pour exprimer cet idéal ; la main de
l'ouvrier, instrument de cette transfiguration.

Ces trois éléments sont nécessaires ; l'art est
d'autant plus parfait qu'ils se trouvent réunis à un
degré plus élevé. Mais ils ne sont pas également
importants ; la matière de l'art en constitue l'élément
inférieur.

*   *
*

Dans la nature, il n'y a que la nature ; dans
l'œuvre d'art, il y a la nature aussi, mais de plus

l'intelligence qui la comprend, le cœur qui la goûte, l'âme qui la pénètre, la main qui l'interprète.

Une œuvre d'art n'est telle que dans la mesure où l'âme a pénétré la matière et l'a transfigurée.

L'art, c'est une forme de la poésie ! Et la poésie. c'est l'âme en vibration !

L'art n'est pas seulement affaire de coup d'œil et de dextérité de main. C'est encore et surtout affaire d'*âme*, par conséquent affaire de tête et de cœur, de lumière et de chaleur, de conception et d'élan.

*　*　*

Comme toutes les œuvres humaines, l'art même le plus perfectionné ne nous satisfait jamais pleinement. Dieu a fait notre âme plus grande que toute expression. On va de chefs d'œuvre en chefs d'œuvre, dans les galeries d'un musée, on y va d'émotions en émotions ; et tout finit par la lassitude, et par le douloureux sentiment de l'inachevé, de l'incomplet. La coupe bue ne fait qu'altérer davantage, et notre soif d'infini s'allume plus vive, à chaque goutte du nectar humain.

*　*　*

L'art étant un moyen n'aura plus de raison d'être, lorsque le but sera atteint ; et c'est pourquoi il n'existera plus au Ciel, dans ce pays de la Beauté parfaite.

On verra la Beauté : on l'aimera, on ne l'imitera plus. Pourtant on la chantera ; mais l'art est une langue imparfaite, qui doit cesser dans le lieu de la perfection. *Linguæ cessabunt*, dit S. Paul. Il y aura alors parmi les élus une langue unique, adéquate, sans effort, sans balbutiement.

L'art est un pâle reflet des splendeurs divines. A quoi bon, lorsque nous aurons la pleine lumière ?

L'art est un avant-goût des douceurs infinies. En garderont-ils même le souvenir, ceux qui boiront à pleines coupes ?

L'art est une consolation. Mais de quoi seraient-ils consolés, ces bienheureux ?

Mission de l'Art. 1° Charmer et récréer l'âme. Mais s'il ne faisait que cela, il se rapprocherait du jeu et resterait dans des régions inférieures.

2° Elever l'âme, instruire l'esprit, consoler le cœur, donner à la volonté un élan vers les sommets.

3° Aider à la sanctification de l'homme. L'idée du devoir par elle-même est bien austère, et montrer que tel acte est juste ou injuste ne suffit pas toujours. Certaines âmes seront plus émues, plus inclinées au bien, en songeant que tel acte est beau. L'art aide ainsi à la conscience.

** **

La Renaissance a surtout visé et atteint le premier but ; elle a charmé, récréé ; elle a peu élevé et n'a presque pas sanctifié ; sa peinture dite religieuse n'est pas religieuse. Que de fadeurs !

L'esthétique de la Renaissance, comme celle de l'Université et du Protestantisme, est *froide*. C'est correct, quelquefois précieux, jamais chaud, ardent. Dans cet art, on ne sent pas la flamme ; il y a peu de foi, il n'y a pas d'amour.

La Renaissance a sacrifié l'esprit à la matière, l'idée à la forme. Les primitifs avaient sacrifié la matière à l'esprit.

** **

L'art a pour but suprême de nous soulever d'ici-bas et de nous emporter vers nos destinées immortelles. *Et extolle illos usque in æternùm.*

Dans l'art, il y sans doute une question de forme ;
mais n'y voir que cela c'est n'en voir qu'un côté.
Il y a encore la traduction de grandes pensées et la
poursuite d'un grand but.

L'art, comme la nature, est une grande force qui
nous emporte, nous berce, nous apaise.

Ah ! la bonne et douce peinture ! comme elle
repose et recueille ! Comme elle émeut et fait tressaillir ! Comme elle console et élève ! Comme elle
instruit ou fait rêver !

L'art a pour but de nous initier et de nous unir
au mystère du monde, au mystère de Dieu.

*   *   *

La vie morale de l'artiste est pour beaucoup dans
son œuvre, parce qu'elle est pour beaucoup dans
son inspiration, je veux dire dans la pensée qu'il
exprime. La platitude de nos Salons actuels ne
vient-elle pas de la platitude de vie morale dans les
artistes ?

Le procédé s'est perfectionné ; l'idéal s'est amoindri. Il s'est amoindri avec la religion, avec la civilisation elle-même, avec l'esprit humain, qui voit
moins haut, moins juste, moins vrai. Certain art,
hélas ! n'est plus que la splendeur du faux, ou
mieux (car le faux ne peut resplendir) que le clin-
quant du faux.

On façonne plus habilement des œuvres moindres ;
mais cette habileté ne parvient pas à les relever ; au
contraire.

Dans ces œuvres sans foi, et souvent sans idée,
le procédé se montre plus que l'inspiration.
L'originalité est dans les mots, dans la couleur,
dans la forme, non dans l'idée ; et c'est pourquoi
l'âme n'est pas atteinte. Peu d'idées, point de principes, pas de sentiments élevés !

« On s'amuse aujourd'hui, dit le P. Didon, à polir des phrases, à chercher des mots sonores ; et pas une idée qui enthousiasme ces générations qui veulent vivre, pas une doctrine qui les emporte vers des régions où elles voudraient s'élever ! »

Pourquoi ces chercheurs de phrases, de phrases qui n'ont point de sens, ces décadents qui ne veulent entendre que le cliquetis des mots et qui ressemblent à des fous ? C'est que l'idéal a été méprisé.

* *

La faculté créatrice semble s'être éteinte ; en peinture comme en littérature, la plus vile prose règne et gouverne. La civilisation « laïque » est en train de tuer tout idéal, d'abaisser toute poésie, en excluant de l'âme toute pensée religieuse et même toute pensée élevée. L'*égoïsme* détruit les germes saints, les vues hautes, les sentiments purs, l'enthousiasme aux ailes de feu ; on ne chante que ce que l'on croit, et quand on ne croit à rien, adieu la lyre !

C'est dans l'Evangile que se puise la forte sève artistique en même temps que la sève doctrinale et morale ; c'est de la croix que coulent les flots mystiques de l'amour et du sacrifice, ces flots toujours limpides qui réjouissent les âmes.

* *

L'art le plus parfait ne serait-il pas celui qui condenserait le plus d'âme dans le moins de matière ? Comme la perfection du style consiste à traduire le plus de pensées dans le moins de paroles. Ainsi que le dit Charles Buet, il s'agit de mettre l'infini dans quelques pouces de matière.

II. — BUT DE L'ART

L'Art pour l'Art. Formule égoïste, impie, qui témoigne d'un manque de cœur et d'idée, à plus forte raison, d'un manque de foi.

Elle produit des œuvres de fantaisie et de caprice, des oripeaux. Mais elle tue l'émotion en méprisant la vérité ; elle est étrangère à toute conception élevée.

La *vie* n'est pas dans la forme, mais dans le fond ; elle n'est pas dans le vêtement, mais dans le corps ; elle n'est pas dans l'expression, mais dans l'idée.

Nous ne nions certes point l'importance de la forme ; elle est nécessaire comme le vêtement à l'homme. Pas d'art sans elle ; mais aussi pas d'art avec elle seule ! Que me fait le talent d'enfiler des mots plus ou moins sonores, si ces mots ne parlent qu'à mon oreille et ne disent rien ou que très peu à mon esprit et à mon cœur ? Et qu'ai-je besoin d'une peinture aux couleurs éclatantes, si mes yeux seuls y trouvent quelque plaisir, ou plutôt quelque étonnement ? La nature est plus belle, et j'irai à elle.

Brunetière déclare que la doctrine de *l'art pour l'art,* en tant que faussement et insolemment aristocratique, est illusoire, perverse et dangereuse.

*
* *

Décadence. N'est-ce point parce que ce but de l'art s'obscurcit aujourd'hui aux yeux de l'artiste que notre école moderne de peinture est si désorientée, sans maître indiscuté, sans direction pure, sans idéal précis ? C'est une débandade, une cohue de peintres.

*
* *

Le sens des couleurs s'affine et se subtilise ; le sens des idées s'affaiblit. Il y a encore des apparences, le fond manque. Il y a une certaine agitation, mais ni simplicité ni équilibre.

*

La grande peinture d'histoire est déjà bien malade. Quant à la peinture religieuse, serait-elle donc agonisante ?

*

Le vrai but. L'artiste chrétien, tel que je le rêve, doit avoir l'art *conquérant*, allant saisir les âmes, les subjuguer et les mener à Dieu par le chemin de la beauté.

Alors l'artiste est un apôtre, un prêtre, un prédicateur, ayant une idée et voulant la communiquer, ayant une croyance et voulant la répandre.

Que le peintre ait commerce avec le monde supérieur, avec Dieu, les Anges, les âmes, les Saints, un commerce prolongé, intime, par la prière ! Qu'il soit un contemplateur, un penseur, épris de Dieu et de ses œuvres ! Qu'il connaisse les chastes austérités du Sacrifice ! Et alors il saura rendre une idée, un sentiment, vivifier les faits, les poétiser, les diviniser.

*

Assurément l'art n'est point le principal ni le plus efficace moyen de sanctification. Il est pourtant un degré de cette échelle mystérieuse qui conduit à Dieu.

*

Comme un prêtre, à l'église,
Je rêve à l'art qui charme, à l'art qui civilise,
Qui change l'homme un peu,
Et qui, comme un semeur qui jette au loin sa graine,
En semant la nature à travers l'âme humaine,
Y fera germer Dieu.
(*Voix intérieures*, *XXIX*).

III. — DIFFÉRENTES FORMES DE L'ART

Si l'influence de l'artiste est si grande, si son rôle est à la fois si noble et si considérable, c'est que le domaine de l'art est immense, soit en étendue, soit en élévation. Poésie, éloquence, musique, architecture, peinture, sculpture, qu'y a-t-il de plus vaste, et qu'y a-t-il qui touche d'aussi près aux cîmes de l'âme humaine ? Alors que la science se confine dans le tangible et explore la matière, l'art va saisir l'invisible et le donne à l'homme, comme un sacrement naturel, sous le voile léger de quelque signe sensible.

Etudions quelques uns de ces signes.

Poésie. La poésie a certainement été, dans l'ordre du temps, la première forme de l'art ; et nous pouvons ajouter, la poésie religieuse.

Ce fut pour louer l'Eternel que les hommes cherchèrent ces expressions plus parlantes, plus choisies et plus ornées, qui constituent une des formes de la poésie. Puis vint le rythme.

Le fond primitif était dans les belles pensées, les adorations, les prières qui jaillissaient des cœurs, alors qu'ils étaient tout pénétrés des grandeurs et des beautés de la divinité.

Les sentiments individuels, la famille, puis la nature fournirent aussi des sujets à la poésie. On en trouve des traces dans la Bible.

On peut dire avec Chateaubriand : « Les hommes chantent d'abord, puis ils écrivent. »

Depuis David, et probablement avant lui, la poésie a fait partie intégrante et essentielle du culte divin.

La poésie précéda la prose dans le monde ; la prose n'arriva que par le retranchement des ornements de la poésie.

. . . .

Architecture. *Lapides clamabunt !....*

. . . .

L'art gothique, on l'a prouvé, est un art français, nous devons ajouter, un art chrétien. Il est français par sa hardiesse, sa clarté, sa franchise de lignes, sa grâce d'atours. Il est chrétien par son élan vers Dieu, élan de foi, mais surtout élan d'amour.

Les temples anciens, païens ou juifs, sans excepter celui de Salomon, manquaient de cet élan vers le Ciel. Le plafond était écrasé. Il a fallu l'âme brûlante du siècle le plus mystique pour soulever les pierres et les jeter, en colonnes légères ou en aiguilles superbes, jusque dans les nues.

Parmi les causes qui, pendant plus de deux siècles, ont jeté dans l'oubli ou dans le discrédit un art si chrétien et si français, il faut signaler, outre l'influence païenne de la Renaissance, l'extension du protestantisme iconoclaste et la décadence de la vie catholique.

* * *

L'architecture romane est particulièrement propre à exprimer le calme, la grandeur reposée, le recueillement, la prière paisible et méditative.

L'architecture gothique est plus vivante ; elle est légère et pourtant rigoureuse, elle est élancée et pleine d'une pensée mystique.

La Musique religieuse. (1) — Dieu a le droit d'être loué par toutes les créatures, et l'univers entier, qui est un poème de sa puissance, doit être aussi un cantique à sa gloire.

____

(1) Nous donnons ici la plus grande partie d'un discours prononcé par M. Buathier sur la Musique religieuse et où se trouve le développement des notes de son manuscrit sur le *Beau.*

Dans son ensemble, ce cantique est l'écho de l'œuvre qui répond au divin Ouvrier, l'écho de la création qui résonne comme une harpe sous les doigts du Créateur. Mais quand il s'agit de l'homme, c'est bien plus que cela, c'est l'écho vivant, l'écho filial de notre cœur, tout ému des ineffables bontés du Père qui est dans les cieux.

Assurément, de tels hommages peuvent prendre bien des formes, et de fait ils se traduisent de bien des manières, par la prière, par le travail, par la souffrance, par tous les actes de la vie dirigés vers Dieu, par toutes les facultés humaines assouplies à ses ordres. Ainsi, la foi qui accepte les divines révélations, l'espérance qui attend les divines promesses, l'amour qui s'éprend des divines beautés, la reconnaissance qui proclame les divines faveurs, le repentir qui pleure, la douleur qui expie, la supplication qui demande et qui gémit, l'adoration qui s'anéantit, la charité qui donne et qui se donne, l'obscur et saint labeur de chaque jour, sous quelque aspect qu'il se présente,... voilà tout autant de strophes par lesquelles nous rendons gloire à Celui de qui nous tenons l'existence.

Ces hymnes de l'âme humaine sont parfois tout intérieurs : nul ne les entend ici-bas. C'est un colloque intime, silencieux, mystérieux, — très réel cependant et très ardent, — le colloque sans voix d'un esprit créé avec l'Esprit infini.

Mais, nous ne sommes point des Anges. Notre âme est substantiellement unie à un corps, et ce corps, partie essentielle de notre être, doit avoir sa part dans nos hommages à la Divinité : il doit être l'instrument, l'organe, le serviteur fidèle de nos sentiments et se plier ainsi au culte extérieur qui manifeste et qui complète le culte intérieur ; car,

selon une admirable parole de saint Jean Chrysostôme, « notre âme est un artiste et notre chair est
une lyre. »

Et voilà pourquoi les arts, qui sont le plus délicat
épanouissement de l'esprit humain, ont tous été
appelés à chanter les louanges de Dieu, à redire
— chacun à sa manière — quelque chose de ses
infinies perfections. L'architecture lui a élevé des
temples superbes, tantôt élancés comme l'amour,
tantôt recueillis comme la prière. La peinture et la
sculpture ont reproduit à l'envi, ou du moins ont
essayé de reproduire les traits adorés du Christ, les
traits suaves de la Vierge et des Saints, les scènes
graves ou charmantes de l'Evangile et de nos
annales religieuses. La poésie et l'éloquence ne sont
point demeurées en reste : prêtant leurs syllabes
d'or à l'austère théologie, elles en ont célébré tour
à tour et les dogmes et les préceptes, — les mystères, profonds et cachés comme des racines, — les
vertus, gracieuses, épanouies et pures comme une
effloraison de printemps.

Et cependant, je ne crains pas de le dire, toutes
ces créations du génie, malgré leur splendeur,
auraient eu quelque chose d'insuffisant, si la musique
ne fût venue s'y joindre, si elle ne fût venue les
compléter d'abord et les couronner, puis les prendre
et les emporter jusqu'au trône de Dieu sur ses
ailes de flamme, — ces ailes si diaphanes, si trans-
parentes, qu'on les croirait purement spirituelles.

Ne vous semble-t-il pas, en effet, que la musique
est par excellence l'art religieux, l'art mystique,
celui qui traduit le mieux les saintes émotions de
l'âme et ses nobles élans, celui qui nous élève le
plus vite et le plus haut, celui enfin qui nous
rapproche davantage du Ciel ?

Ah ! je sais bien qu'il y a aussi une musique profane, et même, hélas ! une musique sensuelle et voluptueuse. Mais, dites-moi, quelles sont donc ici-bas les belles choses qu'on ne puisse profaner ? La plus grande de toutes est l'amour : je n'en connais pas de plus outragée. C'est la triste misère de l'homme de rapetisser ainsi et d'avilir les dons les plus merveilleux. Est-ce donc une raison de les rejeter ? Non, laissons aux corrupteurs la honte de leurs souillures, avec la responsabilité de leur dégradation, et pour nous, ne contemplons les arts que sur les sommets où ils ont mission de vivre et d'où ils rayonnent. Or, sur ces sommets radieux, je rencontre la musique au premier plan et je la salue comme l'art le plus divin.

Le plus divin, et pourquoi ?

D'abord parce qu'il est le plus immatériel, celui par conséquent qui ressemble le plus à Dieu, qui est esprit, — je devrais dire qu'il est le plus aérien, le plus éthéré, le plus céleste, puisque l'air est son unique élément, — à coup sûr le plus dégagé des entraves de la forme et des pesanteurs de la matière. Voyez : l'architecture a besoin de pierres et de moellons, la sculpture a besoin de bronze ou de marbre, la peinture elle-même ne peut se passer de toile et de couleurs : que faut-il à la musique ? Une simple vibration de l'atmosphère qui nous enveloppe, un souffle, une respiration de notre poitrine, c'en est assez pour ravir notre âme et lui arracher tantôt un cri d'admiration, tantôt des larmes ou des sanglots.

Art immatériel, la musique est encore celui qui exprime le mieux l'idée de l'infini et qui en éveille le sentiment avec le plus de puissance. Aussi bien, c'est l'art qui a le moins de limites, le plus vaste par conséquent et qui plonge le plus avant dans les régions de l'immensité. Pour lui, point de barrières, point de cadre, point de murailles ! rien qui arrête l'essor ! Ecoutez : les notes se succèdent et se mêlent comme les flots de l'Océan, lentes ou rapides, graves, douces, tendres, passionnées, suppliantes ou terribles....

Et que nous disent-elles ? Ah ! je les entends qui vont remuer au fond de l'âme humaine la fibre la plus mystérieuse qui y dormait peut-être, cette fibre de l'infini qui peut bien sommeiller en effet sous les cendres de nos passions, de nos affaires et de nos indifférences, mais que nulle force, Dieu merci, ne parvient à détruire tout à fait. Que nous disent-elles donc ces notes ?... Leur langage, je le sais, n'a pas la précision de la parole humaine, ni même la netteté un peu froide d'une ligne sculpturale. Non ! mais combien il gagne en intensité ce qu'il perd en clarté ! A vrai dire, c'est le langage du cœur plutôt que le langage de l'esprit : non pas que l'idée lui soit absolument étrangère, — il n'y a pas d'art sans idée — mais le sentiment est son domaine préféré, et pas une de nos émotions, pas une de nos aspirations, pas un de nos désirs, de nos élans ou de nos rêves ne lui demeure étranger.

Vous demandez ce que disent ces notes ? mais elles adorent, mais elles prient, mais elles espèrent, mais elles gémissent, mais elles pleurent, mais elles tressaillent de joie ou de souffrance ; elles aiment surtout, et parfois il leur vient des tendresses et des caresses d'une suavité infinie. Tout ce qui fait palpiter notre cœur, depuis le murmure indécis de la brise jusqu'à la grande voix des forêts ou des flots, depuis les sourires du berceau jusqu'aux larmes de la tombe, et dans l'ordre surnaturel, depuis les premières touches de la grâce jusqu'aux extases de la sainteté, tout cela, la musique le conçoit, elle le sent et elle le chante. Oui vraiment, c'est la grande voix du cœur ! du cœur qui appelle l'infini. Or, l'infini véritable, n'est-ce pas Dieu ? Et, d'autre part, nos plus hautes relations avec ce Dieu vivant ne sont-elles pas aussi des relations de cœur ? Où donc aboutit la foi, sinon à la charité ? Quel est donc le plus grand des commandements, celui qui domine et qui résume tous les autres, sinon le précepte d'aimer ? Au Ciel, la foi n'existera plus, ni même l'espérance ; la première sera remplacée par la vision, la seconde par la possession ; l'amour seul existera toujours et c'est pourquoi la langue du paradis sera une éternelle musique, une harmonie sans fin.

Ne serait-ce point aussi la raison, pour laquelle cet art, qui est le plus immatériel et le plus religieux, est encore le plus populaire et le plus universel ? Tout le monde n'a pas l'œil assez sûr, ni l'esprit assez exercé, ni le goût assez délicat pour apprécier avec justesse le mérite d'un tableau, la valeur d'une statue, la perfection d'un édifice, la grâce d'une poésie : ce sont là, pour ainsi parler, des arts aristocratiques, qui exigent une culture intellectuelle préalable ; mais tout le monde saisit la musique, ou plutôt tout le monde en est saisi, depuis l'enfant jusqu'au vieillard, depuis l'ignorant jusqu'au savant : pour en être ému, pas n'est besoin d'étude ni de travail, elle est le langage de tous, le grand et beau langage populaire.

Combien l'art musical est à sa place au sein de nos églises, au sein de ces sanctuaires où Dieu et le peuple se donnent rendez-vous, et où ils se rencontrent dans le sacrifice, la louange et la prière !

Déjà les anciens l'avaient compris ; ils avaient donné à la musique une place dans leur culte, mais

une place relativement restreinte, même le peuple
juif, à plus forte raison les peuples païens. C'est
que l'âme antique, étrangère — ou à peu près — à
tout mysticisme, ayant plutôt une religion de crainte
et d'intérêt qu'une religion d'amour, ignora toujours
les hauteurs et les rêves familiers à l'âme chrétienne.
Elle ne connut ni les ardeurs de nos Saints, ni la
nostalgie du Ciel, ni les joies mystérieusement
douloureuses du repentir, ni les relations eucharistiques, d'une intimité si étrange ; elle ne connut
même pas nos humbles désirs de vie plus parfaite
et d'ascension morale. Le christianisme est venu et
il a déplacé l'équilibre humain, il l'a élevé, il a fait
monter toutes choses dans l'homme, oui, toutes choses, l'esprit, le cœur, la volonté, le caractère, les
aspirations, les espérances, la destinée elle-même.
Toujours est-il que la musique s'accorde merveilleusement avec notre admirable religion, tant elle est
apte à remplir les espaces infinis que le Christ a
ouverts dans les âmes et que sa lumière a éclairés.

C'est au point que la musique religieuse peut
devenir *un besoin* pour la foi. Elle vient en aide à
la parole et achève ce qu'elle est impuissante à exprimer. Quand un homme, à plus forte raison quand
une foule, quand un peuple croient vivement, quand
ils aiment avec une sainte passion Dieu et son Christ
Jésus, la parole et les chants vulgaires ne leur
suffisent plus, il leur faut la poésie et la musique,
la musique surtout, cette fleur la plus embaumée
de toutes les poésies d'ici-bas. Et cela est d'autant
plus vrai que la foi est plus pure. Au sein du
schisme et de l'hérésie, chez les protestants par
exemple, vous trouverez quelques chants d'une
douceur élégiaque, on dirait une plainte, un regret,
peut-être un remords, sûrement, une souffrance ;
mais de grands accents religieux, de grandes envo-

lées d'âmes vers le Ciel, vous n'en trouverez pas !

Au contraire, plus un peuple est catholique, plus la musique prend une part importante dans son culte extérieur. L'Italie, l'Espagne, la Belgique, l'Autriche, l'Alsace, notre France elle-même, toutes ces contrées qui ont donné le jour à tant de compositeurs illustres, en sont la preuve. Le Bienheureux Nosher et S. Odon, Palestrina et Pergolèse, Haydn et Mozart, Beethoven et Gounod n'ont-ils pas puisé leurs plus belles inspirations dans la prière, dans leurs rapports avec l'Éternel ?

J'irai plus loin. La musique religieuse n'est pas seulement un besoin pour la foi, elle est encore *un bienfait*. Déjà, dans l'ordre naturel, elle apaise, elle console, elle repose, elle endort la douleur, elle soulève l'âme et l'élève. Dans l'ordre surnaturel, elle ne fait pas moins. A certaines heures, on dirait presque qu'elle est un sacrement naturel, ayant la puissance d'attirer la grâce, tant le souffle de l'Esprit-Saint semble courir sur les âmes en même temps que le souffle de l'harmonie frémit sur l'auditoire.

Ne vous est-il jamais arrivé de l'éprouver ? Vous étiez terre à terre, vous étiez lâche, froid, découragé, indifférent au bien, coupable peut-être et accablé sous le fardeau de vos misères ; mais voici que dans le sanctuaire, les saintes harmonies se font entendre, elles saisissent votre âme, elles la soulèvent, en la soulevant, elles la purifient, une fois purifiée, elles lui donnent des ailes et la portent jusqu'au Ciel. C'est le salut, ou du moins le commencement du salut, car il n'est pas jusqu'à la volonté elle-même qui ne se soit retrempée ainsi pour les bons combats. Malheur à qui serait insensible à ces accords ! Le grand poète anglais Shakespeare nous invite à nous défier de quiconque n'en est pas touché. « Les mouvements de cette âme, dit-il, sont lugubres comme la nuit. » Et j'ajouterai lugubres et froids comme l'égoïsme ; car les âmes esthétiques, les âmes éprises du beau sont certainement plus proches du royaume des cieux.

Un doux mystique du moyen-âge a vu, dans les deux éléments de la musique, la mélodie et l'harmonie, l'image de notre destinée qui doit se composer de vertu et de bonheur. La mélodie, qui se soutient par elle-même et qui exprime la pensée fondamentale d'une composition, représente la vertu, base de notre destinée. Le bonheur, au contraire, qui procède de la vertu et qui en est l'accompagnement, est figuré par l'harmonie.

Sur la terre, hélas! vertu et bonheur sont souvent séparés : la mélodie va toute seule, un peu triste ou un peu mélancolique avec sa note isolée. Comme cela ressemble à l'exil ! Mais courage ! pendant quelques jours encore, montez de vertu en vertu, de mélodie en mélodie, et bientôt l'éternelle harmonie vous répondra. Ce sera pour jamais !

IV. — DE L'ARTISTE

Son pouvoir. Des aspirations élevées, de hautes conceptions, l'amour et le goût du beau, ne suffisent pas à un artiste ; il faut qu'il y joigne la puissance d'exécution. Tout le monde, ou à peu près, peut goûter, aimer, admirer le beau, l'artiste seul peut l'exprimer dignement. Sans cette puissance que le travail doit accroître, que le goût doit diriger, nous n'aurons pas d'œuvres, ou nous n'aurons que des élucubrations maladives, indigentes, informes ou infirmes, sans vie, sans style, sans relief.

Si l'on n'a pas cette puissance, on peut être amateur ; on n'est pas créateur.

*
* *

SES QUALITÉS. L'artiste, ce chercheur d'idéal et de beauté, ce poursuivant de l'au-delà, voit ce que ne voit pas la foule.

Il voit le monde visible, dans ses détails charmants et dans son majestueux ensemble,

> Attentif aux ruisseaux, aux mousses étoilées,
> Aux champs silencieux,
> A la virginité des herbes non foulées
> A la beauté des cieux.
>
> *(Voix intérieures, XXX.)*

Il voit le monde invisible, Dieu, l'âme, l'intime de l'univers.

Se rappeler cette doctrine de tous nos grands philosophes catholiques, la doctrine de l'analogie de toutes les créatures entre elles et de toute la création avec Dieu.

*
* *

SES DEVOIRS. A combien d'artistes ne peut-on pas adresser la plainte du poète breton

> Hélas ! pourquoi n'es-tu qu'un instrument sonore,
> Qui chante ou qui gémit et ne sait pas prier !
> Max Nicol, *Une voix de Bretagne.*

Sans vouloir confondre l'art avec la morale, n'est-ce rien pour l'artiste que l'atmosphère intellectuelle dans laquelle il vit ? En art comme en poésie, l'œuvre se sent toujours des bassesses du cœur.

Le naturaliste Diderot et l'ascétique Savonarole seraient d'accord sur ce point avec le classique Boileau. Le célèbre Dominicain a dit excellemment : « Plus les créatures participent de la beauté de Dieu, plus elles sont belles ; et de deux femmes également belles, ce sera la plus chaste et la plus sainte qui excitera le plus d'admiration, même parmi les profanes. »

* * *

Il est à remarquer que le culte de la beauté ne va pas sans une certaine abnégation. L'égoïste n'admire rien parce qu'il ne voit rien ; ou plutôt il ne voit et n'admire que soi.

Beaucoup d'artistes, hélas ! ne cherchent que leur gloire, « cette gloire grecque » dont S. François d'Assise dit qu'elle n'est pas la bonne . « *Græcas glorias non optimas arbitrans.* »

Il est de nobles mépris que doit ressentir l'artiste, non moins que de nobles enthousiasmes. Que les saintes passions le prennent au cœur !

* * *

LA PIÉTÉ, MÈRE DU BON GOUT. Elle préserve l'artiste de ces conceptions fausses qui ont leur origine dans l'absence du sens chrétien. Dans la *Sainte Famille*, de Carrache, quelle Vierge banale !... Quel enfant *humain*, avec ses cerises !... Saint Joseph seul est passable.

Zurbaran était pieux et austère ; ses œuvres sont des pages d'une ferveur rude et naïve, où se révèlent la gravité du cloître, l'ascétisme.

Pour les artistes qui n'ont pas la foi, les œuvres de Dieu, la nature et la création sont plutôt un voile qui leur cache le Créateur. Leur esprit est obtus. « *Obtusi sunt sensus eorum. Velamen positum est super cor eorum.* (II. Cor. III, 14, 15.) Ils lisent le poème de Dieu, comme les Juifs lisaient l'Ancien Testament, avec un voile devant les yeux. Ceux-ci ne surent pas voir le Christ dans l'Ecriture, ceux-là ne savent pas voir Dieu dans la nature, ni dans l'Eglise, ni dans l'histoire.

TABLE DES MATIÈRES